解放军外国语学院英语博士文库

Monographs by Ph.D Holders, English Department,
PLA UFL

主编

张金生

编委

（按汉语拼音为序）

程　工	程朝翔	何其莘	黄国文
黄曾阳	姜望琪	孔致礼	李绍山
陆谷孙	梅仁毅	潘永樑	王　岚
吴　冰	熊学亮	徐烈炯	严辰松
	杨惠中	姚乃强	

石黑一雄小说的共同体研究

朱 平 著

A Community Study of
Kazuo Ishiguro's Novels

河南大学出版社
HENAN UNIVERSITY PRESS
·郑州·

图书在版编目(CIP)数据

石黑一雄小说的共同体研究/朱平著. —郑州:河南大学出版社,2016.12

(解放军外国语学院英语博士文库.第7辑)
ISBN 978-7-5649-2660-1

Ⅰ.①石⋯ Ⅱ.①朱⋯ ②河⋯ Ⅲ.①石黑一雄—小说研究 Ⅳ.①I561.074

中国版本图书馆 CIP 数据核字(2017)第 000439 号

责任编辑	王 珂
责任校对	薛巧玲
封面设计	马 龙

出 版	河南大学出版社			
	地址:郑州市郑东新区商务外环中华大厦 2401 号 邮编:450046			
	电话:0371—86059735	网址:www.hupress.com		
排 版	郑州市今日文教印制有限公司			
印 刷	郑州市今日文教印制有限公司			
版 次	2017 年 9 月第 1 版	印 次	2017 年 9 月第 1 次印刷	
开 本	787mm×1092mm 1/16	印 张	12.75	
字 数	183 千字	定 价	32.00 元	

(本书如有印装质量问题,请与河南大学出版社营销部联系调换)

序　言

朱平的这部专著是在其博士论文基础上修改而成的,承蒙解放军外国语学院"博士文库"项目的大力支持与河南大学出版社的辛勤努力,终于付梓。这是他这几年勤奋学习的一个完美小结,我自感欣慰。这部专著充分体现了他的学术作风,即不仅注重文本细读,更注重宏观地从历史、文化、政治等多角度关照和考察文本,以寻求更多维度、更具深度的阐释。

攻读博士学位的几年间,他遇到了很多困难,有学业上的也有身体上的,但他乐于并善于思考,对学术、工作和生活中的很多问题能够得出不拘泥于传统的理解和结论,帮助自己最终走出困境,顺利完成学业,作为导师,我深感欣慰。他让我重新思考导师与学生间的"共同体"关系:他们不仅应在学术上,而且可以在精神生活中乃至个人生活中成为求同容异的"共同体",因为博士研究生不仅要提高自身的学术能力,也要进一步修正其人生观和价值观体系,以便更好地将学术创新真正融入个人生活和社会现实。这些都需要导师与学生之间全方位的包容、互助与共鸣。从这个角度看,朱平的这本专著《石黑一雄小说的共同体研究》不仅有了学术创新价值,而且与我们生活的诸多方面有了血脉联系,蕴含了作者的责任感和使命感。

石黑一雄是当代英国文坛炙手可热的移民作家,当前国内外评论界对其作品的研究已达到相当的规模和深度,高水平的论文、论文集和专著不断涌现,批评视角包括形式主义批评、精神分析、后殖民批评、文化研究、伦理学等多种角度。在反复研读石黑一雄所有作品的基础上，朱平选取了具有代表性的三部小说《长日留痕》《上海孤儿》和《千万别丢下我》作为研究对象。他阅读了大量当代西方文论，如后殖民主义、文化批评、共同体理论和伦理学批评等，决定选择"共同体"这一理论作为突破口，将文本分析和文化批评理论相结合。

本书以"共同体构建"和"共同体关怀"作为贯穿衔接、统领全书的红线，深入阐释了小说主人公的共同体构建过程及其中存在的问题和缺陷，着重分析了大英帝国意识形态、资本主义全球殖民体系和人类中心的消费主义对小说中各类共同体生活的破坏，同时指出"共同体的滚动契约""理想主义的怀旧情感"和"身份认同的伦理超越"是达到更好共同体生活的可能路径。这一视角在目前的石黑一雄研究中具有较强的独创性，同时对接了当代中西方学界所关注的"共同体"议题，具有较高的理论难度与深度。

对石黑一雄小说和当代共同体理论的研究是项艰巨的任务，因为两者的涉及面都很广，而后者的很多问题尚在学术界的探索和争论之中。对于一个青年学者，要在这两方面进行深度研究实属不易，难免在论点的阐发上有时会较为牵强，有时会表达不够充分深入。我相信朱平在今后不断的磨练和积累中一定会有新的进步，也衷心期盼他在学术研究的道路上取得更多的收获。

王　岚
二〇一五年六月于洛阳

前　言

　　石黑一雄是英国当代著名的移民小说家。他以其独树一帜的国际写作理念和创作实践被誉为"作家中的作家",又与 V. S. 奈保尔和萨尔曼·拉什迪并称为英国当代"移民作家三杰"。上世纪 80 年代初以来,英国文坛掀起移民文学热潮,移民作家的作品接连获得布克奖。1989 年,石黑一雄凭借小说《长日留痕》获得当年的英联邦布克奖,其作品也随之在国内外评论界获得愈发广泛的关注。近年来,国内外学术界在石黑一雄作品研究的广度和深度上不断取得新进展,所取得的研究成果集中于叙事学批评、心理分析批评、多元文化与后殖民批评等方向。石黑一雄作品的最大魅力在于其往往能使读者与人物之间产生情感和思想上的奇妙联结与反应,进而促使读者反思自身、反思看待世界的方式。本书带着从这种反思中勾勒更好生活方式的使命感,带着对前人研究成果的尊重,试图发掘石黑一雄小说的一个重要却又往往被评论界忽视的维度——共同体关怀。

　　最近三四十年中,"共同体"一词在国内外的学术、政治、经济和文化领域受到广泛的关注和使用,其定义达到上百种之多。本书的核心理论框架选取的是英国社会学家安东尼·科恩的共同体象征性构建理论,它具有鲜明的文化视角,较为适用于文学文本分析。书中首先考察了滕尼斯、涂尔干、查尔斯·泰勒等现当代理论家关于共同体的经典论述,从中总结出共同体的关键构成要素:一是对其成员具有重要意义的共识;二是成员之间由共识、合作与交流而生的亲密的情感纽带。这两点在科恩的理论中都有精到的论述。他认为,共同体的构建可以看作是围绕某一个或多个象征性文化符号进行的,例如音乐欣赏的品味、对某支球队的支持、对特定社会问题的看法,等等。这些象征性符号构成了共同体内部与外部的边界。尽管他们对符号的内在实质和含义可能有不尽相同的理解,但成员们聚合在这些文化符号周围,分享这些符号的外在形式,并以之为蓝本,把他们想象和体验为一个共同体,同时与外界区隔开来。可见,这种共同体构建方式的实质在于成员所共享的文化符号形式优先于其具体内容的统一性规约。在这种构建框架之下,共同体将具有极大的包容性,成员对文化符号可以进行相对多样化的理解而同时被共同体包容,用科恩的话来说,"它内部在很大程度上的不一致,不会颠覆由其边界所表现出来的明显的一致性"。在个人情感方面,科恩认为共同体是一种感觉。成员之间固然对文化符号的理解存在一定差异,但他们不仅一起维护由该符号所代表的与外界之间的边界,而且可以就共同关心的价值观和文化符号内涵等问题不断进行对话、商议和讨论,这正是亲密情感纽带的基础。科恩的理论使共同体可能成为一种既与客观文化符号相关,又与主观感觉和认同相关的具有主客观两重性的社会文化存在物。

　　该理论为更好地理解石黑一雄小说中的"共同体关怀"提供了适合的参照系。本书以此为依据,详细解析了石黑一雄的三部代表性作品《长日留痕》、《上海孤儿》和《千万别丢下我》,深入阐释了主人公们构建共同体所凭借的文化符号,以及构建中存在的种种问题和缺陷;着重剖析了帝国意识形态、资本主义全球殖民体系和人类中心的消费主义对主人公们的共同体生活所造成的破坏和创伤;并着力挖掘了三部小说中所蕴含的走向更好共同体生活的多种可能路径。

　　《长日留痕》的主人公以"职业精神"等文化符号构建了管家共同体、主仆共同体和民族性共同体。然而,在其帝国意识形态的影响下,他对"职业精神"等文化符号的片面理解和固守最终导致了其个人生活和职业追求的双重悲剧。《上海孤儿》的主人公以"怀旧情感"为文化符号,在回忆和现实中分别构建了个人的共同体。然而,二战前无所不在的资本主义全球殖民体系早已在暗中破坏了他的共同体生活,这其中寄寓了石黑一雄对殖民主义的世界经济政治秩序的强烈批判。《千万别丢下我》中的克隆人学校黑尔舍姆，以其对克隆人独特的教育体制和人道关怀，构成了一个传统意义上的"小共同体"。它在保护和凝聚其成员的同时，也把他们与更广大的底层克隆人群体隔离开来，使他们变得孤立无助，甚至使他们成为人类社会霸权欺骗和麻醉所有克隆人的工具。

在展现人物的共同体追求及其困境的同时，三部小说都探索了走出困境、走向更好共同体生活的路径。《长日留痕》凸显在共同体内部实现"滚动契约"的重要性：只有在共同体与个人之间、成员与成员之间实现定期和畅通的意见交流，才能维系彼此间的精神默契和共同体鲜活旺盛的生命力。《上海孤儿》呼唤"怀旧情感"中富有行动力的理想主义人性冲动，它是打破资本主义全球殖民体系、重建小说中共同体的希望所在。《千万别丢下我》则探讨受压迫者如何在认同上实现自我转变，在伦理上实现自我超越，构建更具包容性的共同体，以反抗不公的命运。

石黑一雄的小说通过讨论现当代社会中共同体构建的困境和希望，不仅拓展了英语小说的可能性，也拓展了人们创造更美好生活的可能性。他的小说在当代愈发缺乏安全感的世界中，为读者提供了关于共同体生活的思考、感受和精神安慰，回应着人们对共同体议题的热切关注。作家以其小说中的共同体关怀实践了自己的国际写作理念，并使作品具有了更加普世而深刻的意义。可喜的是，当前国际学术界正越来越重视从共同体的角度研究石黑一雄的作品；可惜的是，目前国内学术界在这方面几乎处于空白状态。希望本书能对此做出有益的尝试，既添砖加瓦又抛砖引玉。由于本人还是学术研究上的初行者，无论是从理论的角度还是从具体的文本批评实践上看，本书都难免存在着纰漏。恳请学术前辈和同仁不吝指正。

朱　平
二〇一五年四月

目 录

第一章 绪 论 …………………………………………（ 1 ）
　第一节 石黑一雄的国际写作 ………………………（ 3 ）
　第二节 研究综述 ……………………………………（ 13 ）
　　一、记忆主题和叙事学批评 ………………………（ 16 ）
　　二、心理分析批评 …………………………………（ 20 ）
　　三、多元文化和后殖民批评 ………………………（ 22 ）
　第三节 共同体理论简述 ……………………………（ 27 ）
　　一、共同体的定义 …………………………………（ 29 ）
　　二、共同体的理想主义和乌托邦性质 ……………（ 33 ）
　　三、文化的视角：科恩的共同体理论 ……………（ 37 ）
第二章 《长日留痕》：帝国意识形态下的共同体困境 …（ 47 ）
　第一节 共同体的构建 ………………………………（ 50 ）
　　一、围绕"职业精神"，构建管家共同体 …………（ 51 ）
　　二、围绕"道德境界"，构建主仆共同体 …………（ 56 ）
　　三、围绕"地景"概念，构建民族性共同体 ………（ 62 ）
　第二节 共同体的解体和批判 ………………………（ 70 ）
　　一、管家共同体的解体和批判 ……………………（ 71 ）
　　二、主仆共同体的解体和批判 ……………………（ 82 ）
　　三、民族性共同体的解体和批判 …………………（ 88 ）
　　四、走向新的共同体 ………………………………（ 93 ）

第三章 《上海孤儿》：资本主义全球殖民体系中的共同体危机 …………………………………………（ 99 ）
第一节 回忆中和现实中的共同体 ………………（101）
  一、回忆中的共同体 …………………………（101）
  二、现实中的共同体 …………………………（109）
第二节 共同体的幻灭及其深层原因
  ——全球殖民体系之恶 ………………………（111）
第三节 小说蕴含的解决之道 ……………………（129）

第四章 《千万别丢下我》：突破小共同体之茧 ……（140）
第一节 黑尔舍姆小共同体 ………………………（144）
第二节 黑尔舍姆共同体与外界的区隔 …………（148）
  一、黑尔舍姆共同体与人类社会 ……………（148）
  二、黑尔舍姆共同体与底层克隆人群体 ……（155）
第三节 突破小共同体之茧 ………………………（161）

结语 ……………………………………………………（175）
附录：石黑一雄作品 …………………………………（181）
参考文献 ………………………………………………（183）
后记 ……………………………………………………（196）

第一章 绪 论

　　作为英国当代著名移民作家和1989年英联邦小说布克奖得主，石黑一雄（Kazuo Ishiguro，1954— ）①与萨尔曼·拉什迪（Salman Rushdie）和维·苏·奈保尔（V. S. Naipaul）并称为"移民作家三杰"。但是，他自己却不认同这个头衔，而且认为把自己与拉什迪、奈保尔和提摩西·莫（Timothy Mo）等移民作家相提并论并不合适，因为在语言风格、写作主题乃至移民背景等方面，自己与他们有诸多不同之处。例如，在1990年的一次访谈中，石黑一雄被问及如何看待被归入20世纪80年代以来的新兴移民作家群体。他承认自己经常被与拉什迪、奈保尔和提摩西·莫相提并论。虽然感到荣幸，但石黑一雄坦陈自己的写作与拉什迪等人非常不同，在风格上几乎是拉什迪、奈保尔和提摩西·莫等人的对立面。石黑一雄以拉什迪为例评论道："拉什迪的语言总像是在向外拓展——以传达那些无法通过普通语言传达的意义。结构上来说，他的书就是有这种惊人的能量，它们同时向各个方向生长，而他并不特别关心这些枝杈是否在无意义地蔓延。他会让其自然生长而听之任之，那就是他写作的方式。我极为尊重拉什迪的写作，但是作为一名作家，我想我几乎是其对立面。我所使用的语言倾向于实际上压制意义并试图隐藏意义，而不

---

　　① 石黑一雄（Kazuo Ishiguro）：著名日裔英国小说家。1954年11月8日生于日本长崎，1960年随家人移民英国。其文体以细腻优美著称，几乎每部小说都被提名或得奖，其作品已被翻译成28种语言。

是追逐一些言语表达能力之外的东西。我对言语隐藏意义的方式感兴趣。我喜欢简洁、紧凑的结构,因为我不喜欢我的作品中留有这种即兴感觉的东西。"

在1988年英国文化协会(British Council)①专门为他制作的宣传册中,石黑一雄表达了创作"国际小说"的文学抱负,并给出了自己对"国际小说"的理解:"我相信国际小说是这样一种作品:它包含了对于世界上各种不同文化背景的人们都具有重要意义的生活景象。它可以涉及乘坐喷气飞机穿梭往来于世界各大洲之间的人物,然而他们又可以同样从容自如地稳固立足于一个小小的地区。"

石黑一雄十分关注其作品在文化上和主题上的国际性与普世性。他认为当代作家必须要有一种"国际意识","心中怀有整个世界"。移民作家中常见的族裔身份写作题材与后殖民困境,并没有成为石黑一雄首要的写作主题,他所关切的是"在其多元文化读者中间具有持久性的观念,特别是……那些重要的关于人性的主题"。所以,石黑一雄的"国际小说"语言优雅而平实,能被世界各国的读者理解和接受,探讨的是国际读者共同关注的具有人文主义普世性的问题。

共同体关怀是石黑一雄小说国际性和普世性的一个重要却又往往被评论界忽视的方面。在最近三十年的文学、社会学、政治学等多个学术领域乃至人们的日常生活中,"共同体"观念正得到越来越多的认识、讨论和应用,并已成为与当代人生活紧密相关的议题。可以说,共同体问题在很大程度上具有了国际性和普世性,而石黑一雄小说在温婉典雅的文字中,蕴含着丰富的共同体元素和深沉的共同体关怀。其作品以锐利的历史文化批判揭示了现当代世界中,包括帝国意识形态、殖民主义经济政治体系以及人类社会无节制的消费主义等内在外在的、有形无形的观念、系统和体制,对小说主人公的共同体构建和追求所造成的损害和破坏。同时,石黑一雄的作品也以

---

① 英国文化协会(British Council):1934年成立于英国,是一个旨在促进文化教育交流事业的非盈利性、非政府组织,它在全球109个国家的223个城市设有办事处。

种种方式寻求现代人走出共同体构建困境、实现更美好共同体生活的希望。本书以石黑一雄具有代表性的三部作品《长日留痕》(*The Remains of the Day*)、《上海孤儿》(*When We Were Orphans*)和《千万别丢下我》(*Never Let Me Go*)为主要研究对象,深入探讨主人公们的共同体构建在现当代条件下面临的困境以及希望所在。

第一节 石黑一雄的国际写作

石黑一雄要求自己的小说在文化上具有普世性,在时间和空间上有长久和广泛的生命力。这种自觉的写作理念和实践源自他强烈的国际意识,而这种国际意识又与他亲历的身份困境及其作品曾遭受的文化误读紧密相关。

他坦言当自己的第一部小说获得巨大成功并被翻译为多国文字时,自己"有了一丝惶恐,并想要重读作品,从比如某位芬兰老太太的视角判断它的优劣"。石黑一雄成名后经常参加各种作品推广、访谈以及读者见面活动。他"不得不走遍全世界,解释自己为什么以现在的方式做某些事情,当然是在很多不同的文化环境下——向瑞典读者或日本读者等——这的确在某种程度上提醒他,当下次坐下来写作时,如果想继续引起这些读者的兴趣,必须得写具有普世性的东西"。这种"国际意识"帮助石黑一雄的作品在普世性与现实性之间达到一种平衡。如其所言,"写你所在的小镇和你的朋友圈子也无可厚非,只要你意识到你在为这个更大的世界写作。我认为,国际作品往往植根于一个很小的地方"。

石黑一雄的作品很好地实践了自己的国际写作理念。一方面,他发表的主要作品在时代背景和文化场景上丰富多元:有二战后的日本[《群山淡影》(*A Pale View of Hills*)、《浮世画家》(*An Artist of the Floating World*)],有20世纪30年代英国贵族的乡间大宅(《长日留痕》),有卡夫卡式的神秘莫测的中欧小城[《不可安慰的人》

(*The Unconsoled*)],有二战爆发前旧上海的外国租借区(《上海孤儿》),有当代的欧洲和美国[短篇小说集《小夜曲》(*Nocturnes*)],甚至有虚构的生物技术高度发达、人类与克隆人并存的20世纪90年代的英国(《千万别丢下我》),等等。

另一方面,相对于大多数英国当代移民小说家,石黑一雄的小说更为鲜明地从普世的角度讨论有关人类生活的诸多主题。例如,《浮世画家》和《长日留痕》两部作品深入地讨论了个人记忆与公共历史之间的紧张关系,特别是个人突然发现自己为之付出毕生努力的目标和事业,因为时代和社会道德价值观的变化,转而成为一种错误。主人公可能曾真诚地相信自己是在为某种具有价值的事业做贡献,却在人近暮年时发现时代和社会与自己开了个残酷的玩笑:他们曾经引以为豪的事情,现在却不得不为之感到羞耻。石黑一雄对个人面临这种人生窘境时的态度很感兴趣,他所关心的是在个人回忆与公共历史的紧张关系中,人物如何通过往往是不可靠的回忆叙事为自己的过去辩护,与之达成妥协,展现内心的情感历程,并试图赢回一些尊严。在这个过程中,着重讨论人物"对他所处的世界缺乏卓越的洞察力"是如何造成其人生悲剧的。

此外,《上海孤儿》揭示了个人盲目的使命感及其面对一个庞大的、恶的体系时的无助;《不可安慰的人》描写了当代生活的不可预测性以及个人与其社会责任之间的紧张关系;《千万别丢下我》讨论了后现代状况下的生物科技伦理和被压迫群体可能的反抗策略;《小夜曲》展现了当代社会中人与人之间的亲密关系和理想主义在金钱、地位和欲望等外力作用下的分崩离析。这些主题并没有局限于身份写作、文化政治等常见的移民作家题材,而是充分显示出一种普世关怀和国际眼光,审视那些多种文化情境中的人们共同关心的话题。

石黑一雄走上这条国际化写作的道路并非偶然,而与其自身经历和文化身份认同的形成过程密不可分。与拉什迪、奈保尔、韩素音等移民作家不同,石黑一雄并非来自英国的前殖民地或者第三世界发展中国家。他1954年出生于日本长崎市,父亲是一位海洋学家,并于1960年参加了英国政府组织的一个北海科研项目,于是举家来到英国,落户于英国南部萨里郡的吉尔福德。其家庭背景以及英国和日本之间相对较小的经济和文化发展水平差距,意味着他由移民英国所产生的文化心理落差也可能相对较小,还可能因此少了些许为母国文化代言或正名的沉甸甸的责任感与文化包袱。石黑一雄"既不是土生土长的英国人,也不是旧日帝国的后裔,超脱于前殖民地与英国之间充满张力而爱恨交织的关系之外"。所以,在文化身份上,他先天就是一个独特的存在。如其所言,他"没有明确的角色、明确的社会或明确的国家,要求自己为之代言或者写作。没有谁的历史看起来像是我的历史。并且我认为这一点推动我必须尝试以一种国际化的方式写作"。相对于大部分移民作家,他的写作多了一份游走于东西方文化间的、精神上的和心灵上的自由度。

石黑一雄与成年后再移民英国的作家之间另外一点很大的不同在于:他并未经历因移民而与母国文化之间突然的断裂,以及随之而来的文化心理创伤或认同危机。自6岁(1960年)随父母来到英国后,石黑一雄一直是在双重文化环境下成长的。因为家里一直有回日本的打算,所以他始终在为返回日本做着文化和心理上的准备:他大约有十年时间保持在家中读日本漫画、看日本电影的习惯,并从父母身上耳濡目染母国的文化风俗。家庭成为他在英国的一块文化"飞地"。直到石黑一雄28岁(1982年)创作出自己的第一部长篇小说后,才最终决定加入英国国籍。随着时间的流逝,早年的日本文化熏陶渐渐模糊成他心中一个淡淡的背景。1989年,石黑一雄获得布克奖后应邀访问日本,其间他已经完全不能用日语交流,而日本也没有将石黑一雄看成是"自己人"。一个细节可以说明问题:在众多日本报刊对此次访问的报道中,石黑一雄的名字都是用拼写外来语发音的片假名呈现的,而不是用拼写本国人名的平假名或日文汉字。这个和母国文化渐渐分离的过程,经历了漫长的22年(1960年至1982年),被稀释为一种淡淡的忧伤,石黑一雄认为这是"失去一条非常重要的纽带、另一种可能的生活"所带来的忧伤,尤其是与生活在日本的爷爷分离①。对他来说,"爷爷就是日本和日本身份的一个象征"。石黑一雄最终未能参加爷爷的葬礼,并一直对此耿耿于怀,于是淡淡的忧伤中又渗入丝丝的懊悔,它们弥漫在石黑一雄的写作中,化为一种"流放的基调"。特别是早期两部日本题材小说,字里行间不时弥漫着人物(或者在一定程度上可以说是作家)对往日生活的怀旧和哀怨之情,甚至"可以被解读为在想象中或'虚拟地'返回出生之地的作品"。其中的日本老一代人形象,不论是《远山淡影》中的尾形还是《浮世画家》的主人公小野,身上都若隐若现地带着石黑一雄爷爷的影子。所幸的是,石黑一雄并未纠结或迷恋于这种忧伤,而是通过写作获得慰藉并与之达成妥协。他总结道:"写作是一种慰藉或者一种治疗。……最好的写作来自于这样一种情形,即艺术家或作家已经在某种程度上与这个为时已晚的事实达成和解。……世界不是你所想要的样子,但你可以用某种方式将它重新整理,或者通过创造你自己的世界,来试着来与它达成妥协。"

以此看来,早期的两部日本题材小说抚慰了石黑一雄的文化乡愁,在精神层面部分地补偿了他所失去的另一种生活,成为作家走出文化乡愁、迈向更加国际化创作之路的铺垫和准备。有了这种乡愁宣泄,石黑一雄得以更从容客观地看待与自己紧密相关的日本文化,并在心理上与它保持一定的距离。他现在提到日本人时,都会用"他们"一词来指代,正如他提到英国人时一样。

虽然石黑一雄最终加入了英国籍,但他也难以在英国找到精神家园。中学时代的他就已经敏锐地感觉到自己与周围人的文化距离:

---

① 石黑一雄去英国后,爷爷每个月都要给他寄包裹,里面是当时日本孩子最爱看的日本漫画以及在日本受欢迎的各种礼物,为的是让石黑一雄及时了解当时日本的文化,以便有朝一日他回到日本时不会感到失落。另外,据石黑一雄回忆,爷爷20世纪30年代曾经在上海生活过,年幼时自己曾听爷爷讲过许多关于旧上海的故事,正是这些故事在日后带给石黑一雄很多灵感,帮助他完成了《上海孤儿》的写作。在某种程度上,这部作品寄托了石黑一雄对爷爷的深情。

并不是说我成长过程中没有学会遵守英国习俗,但是的确存在这种距离感。不久我就察觉到适用于我的规则与适用于同学们的规则完全不同。倒并不是我在学校遭受到种族主义,但我成为了大家注意力的焦点。以前吉尔福德从没有人见过一个日本小孩,而无论何时我去另一所学校,整个操场的学生都会跟着我。我知道我仅有很短的时间来让自己变得受欢迎:所以我就变成了一个表演者。

石黑一雄从小就感知到自己在英国社会中的位置:"我不得不从外部学习英语,模仿、拷贝是唯一的方式。"他接受了良好的英国中产阶级教育,但却是从外部、从一个"局外人"的角度接受的。这种"局外人"的文化身份定位使石黑一雄对英日两种文化均存在心理认同上的距离感,使他从小就悬置在这两种文化之间。

在1989年的日本之旅中,石黑一雄与大江健三郎进行了一次精彩的对话。其间石黑一雄坦陈,双重文化背景使自己成为"某种无家的作家"(a kind of homeless writer),因为自己"没有明确的社会角色":既不是一个"非常英国化的英国人",也不是一个"非常日本化的日本人"。双重文化中的成长经历,使石黑一雄对英日两种文化都保持着距离,陷入一种文化认同上"无根"和"无家"的境地。但对于他的文学创作,这种距离感却带来了更多的自由,使他可以自在地游走于东西方文化之间,从一定距离之外去更为中立地、公允地看待两者,反思历史和现实,探讨和发掘更具国际性和普世性的题材。这与大部分移民作家的常见写作方式区分开来,成为一种不落窠臼、独树一帜的风格,受到文学评论家们的广泛关注和赞誉。对此,石黑一雄依然保持了清醒的头脑,提醒自己要把握普世主题和具体历史背景的平衡:

对于可用于所有人类情境的故事来说,在你所选择的背景和你想要用它传达的普世性暗喻之间,总有一种张力。你不得不对你的读者们说,这部小说设定在一个特定的时间和地点,但你希望他们都能看出小说是关于那些不断反复发生的事情。这种平衡很困难,但那就是为什么伟大的作品可以产生如此多种不同的解读。

一方面,对特定背景和普世主题之间平衡的不懈追求,保证了石黑一雄国际小说的可读性和艺术性。另一方面,石黑一雄也有十分强烈的国际读者意识,时刻关注他们的需要,从他们的角度审视自己的写作。但同时,他又告诫自己不可以为了迎合国际读者而降低作品的艺术性,"我有时担心作家因为意识到要为国际读者写作,可能带来一种相反的效果,文学中某些非常重要的东西可能会因此消亡"。可见,石黑一雄不仅文化视野宽广,而且头脑清醒,对自己国际写作可能面临的误区和风险保持着应有的警惕。

石黑一雄创作伊始便得到了学术界的关注。他是英国当代移民作家群体中"非典型"的一个,也是十分幸运的一个。其长篇小说从第一本开始,几乎每一本都获得了某个奖项。1982年,其长篇小说处女作《远山淡影》获得了英国皇家学会颁发的温尼弗雷德·霍尔比奖(The Winifred Holtby Prize of the Royal Society of Literature),为他带来了极大的声誉。英国文学界知名的严肃杂志《格兰塔》(Granta)①次年将石黑一雄列为当代英国二十位最好的年轻小说家之一。1986年的《浮世画家》获惠特布雷德奖(The Whitbread Book of the Year Award),并进入布克奖最终决选名单;1989年的《长日留痕》获得当年的布克奖(Booker Prize);1995年的《不可安慰的人》获得了切尔滕纳姆奖(The Cheltenham Prize);2000年的《上海孤儿》和2005年的《千万别丢下我》也分别进入当年的布克奖最终决选名单。1995年,石黑一雄因其对文学的贡献而被颁予大英帝国勋章(Order of the British Empire)。

石黑一雄的小说至今已被翻译为三十多国文字,获得英国以外的文学奖项也不胜枚举。以《千万别丢下我》为例,2005年获得了美国全国书评家协会奖提名,并于2006年荣获美国亚历克斯奖和意大

---

① 《格兰塔》(Granta):一家具有百年历史的英国文学类严肃杂志,创建于1889年的剑桥大学。

利塞罗诺文学奖。《纽约时报》将其列为年度最佳图书。《时代周刊》（*Time*）更将其纳入"1923年以来世界百部经典英语小说之列"。1998年，法国政府为了表彰石黑一雄对世界文学的贡献，向他颁发了法国文学及艺术骑士勋章（Ordre des Art et des Lettres）。2008年，《时代周刊》将石黑一雄列入"1945年以来50位最伟大的英国作家"。

面对这些荣誉和奖项，石黑一雄始终保持着谦逊的风度。他明白是自己的日裔身份背景在很大程度上引发了评论界的兴趣，使自己从中获益，但这个身份背景也部分导致了评论界对作品的误读。石黑一雄如此回忆20世纪80年代自己刚刚走入文坛时的情形：

> 我很幸运自己刚好在正确的时间出现了。那是当代英国艺术史里很少有的时间段，当时拥有一个有趣的外国名字并描写有趣的外国地方会真真切切地带来加分……当时突然人人都在寻找其他的拉什迪。碰巧大约在这个时候，我出版了《远山淡影》……我受到了广泛的注意，得到大量报道并接受了很多采访。我知道这其中的原因是什么：是因为我有这张日本的面孔和这个日本的名字。

石黑一雄只说对了一半。如果我们换个角度，从更广阔的国际经济文化大背景来看，20世纪80年代对石黑一雄这位日本移民作家来说，也可以算是一个"糟糕"的年代。

二战结束后的短时期内，日本经济实力快速恢复。到20世纪80年代，日本经济实力重新崛起，甚至取代苏联成为当时继美国之后的世界第二大经济体。不可避免地，这个新兴经济体与美国等西方大国不断发生经济和贸易摩擦。以汽车贸易为例，美国在20世纪50年代初，汽车年产量就已达800万辆，当时日本只有3万辆。然而到了80年，日本汽车年产突破700万辆，跃居世界首位，年出口美国高达192万辆，在美国市场占有率高达21%。日本商人在美国大肆投资。至80年代末，日本人共购买了美国10%的不动产，以致美国国内出现了日本人即将"买下美国"的警告①。日本的崛起自然在欧美国家引起了恐慌,"当时媒体往往报道说,西方的经济基础正受到那些穿着商务套装的武士们的破坏",人们担心二战中在军事上战败的日本,会在经济上卷土重来,实现复仇。

这个时期值得注意的一个文化现象是鲁思·本尼迪克特(Ruth Benedict)写于1946年、以日本文化为研究对象并曾畅销一时的文化人类学著作《菊与刀》(The Chrysanthemum and the Sword)再次热销。在该书1989年的重印版中,美国学者埃兹拉·沃格尔毫不掩饰地说:"现在理解日本人也许同样重要,成群结队穿着西装的商人正在为日本开疆拓土,就如同当年大批穿着卡其布的士兵一路突进。本尼迪克特的书极为重要,因为她揭示了日本人性格的谜团。"在文学领域,美国通俗小说家、被称为"科技惊悚小说之父"的迈克尔·克莱顿(Michael Crichton)1992年发表的小说《旭日东升》(Rising Sun),也在美国和欧洲引发强烈反响。其中的日本人也被描写为一群穿着西装革履、挥舞着大笔金钱和尖端产品、疯狂入侵欧美市场的日本武士。这些解读加深了西方人头脑中关于日本的图景,它们"常常由一整套意象组成,例如异国情调的戏剧、残酷血腥的复仇、细致微妙的情感和不可理解的自杀"。

石黑一雄小说在20世纪80年代的出现恰逢这一历史阶段。欧美国家迫切希望找到一种适用于日本和日本人的理解范式和阐释框架,构建出他们想象中的这个文化他者,将之转化为自己可以认知、解释并预期其行为方式的文化客体,以此确保自身的文化和心理优势地位。当时很多英国读者希望通过阅读石黑一雄的小说了解日本,但他们在文化心理上的失衡,往往使其难以把对方作为可以彼此理解和沟通的平等主体;相反,他们常常把小说内容作为自己文化猎奇的对象,给日本人的行为方式找到"当然如此"的合理解释,并将对日本人的文化想象或恐慌心理合理化。这种心态无疑会误导读者对石黑一雄作品的理解。如对《远山淡影》中主人公悦子的女儿庆子在

---

① 新华社:《日本当年购买美国资产的警示》,http://www.people.com.cn/GB/157278/15895611.htm.

英国曼彻斯特自杀身亡这一情节,当地多家报纸对此进行了报道,但"英国人有一个奇特的想法,觉得我们日本这个民族天生爱自杀,好像无需多解释;因为这就是他们报道的全部内容:她是个日本人,她在自己的房间里上吊自杀"。这样的刻板解读弱化了读者对小说所反映的普遍人性的理解。

当时的西方迫切需要了解、构建和掌控日本这个新崛起的经济对手和文化他者。正是这种潜在的文化心理需求,加上移民小说在英国的兴起,这两个要素共同造就了石黑一雄的声名鹊起和他早期日本题材小说的广受关注,也导致了西方批评界对石黑一雄早期作品文化上的过度解读甚至误读。他们往往将其当做文化和历史资料进行阐释,并倾向于把它们与石黑一雄本人看成了解日本人思维方式和文化历史的媒介。例如,有评论认为《远山淡影》"在多方面具有典型的日本性,包括其语言的简练、节制,而且剔除了所有与主题不是绝对相关的细节";也有评论家声称,《浮世画家》中石黑一雄"对主人公性格的逐步揭示"体现了"日本文化的轻柔内敛的特质,并且前者已经成为他的小说艺术的不可或缺的特征"。诸如此类的评论刻意寻找石黑一雄小说中的日本风格和日本特色,却罔顾小说希望表达的更加深刻的东西。对此石黑一雄抱怨道:"人们没有对小说的观点给予多少注意,而只是把它当做某种具有异国情调的小玩意,并拿来与日本的绘画、书法和鲤鱼逡巡其间的宁静池塘等等做比较。我看到了所有关于日本的陈词滥调——甚至是相扑摔跤。"

这种将石黑一雄与日本文化捆绑起来的解读方式一直延续到他的第三部小说《长日留痕》。这部布克奖获奖作品所受的文化误读并不比前两部少。有评论者认为石黑一雄"通过这样一部甚至并未设定在日本的小说来重温日本"。英国评论家皮考·伊尔也声称,《长日留痕》"具有极强的揭示力,……其意图是要向西方解释日本",因为它描述了一位顺从的、自我谦避的英国管家,"从内部展示了日本人的内心世界"。作为小说的主人公,管家史蒂文斯的一些性格特点,例如对主人的绝对忠诚、对自我道德判断和个人感情的压制,被一些学者认为展现了"日本集体心理的显著方面"。可见,石黑一雄的作品被当做了某种文化读物,某些英美读者和学者希望它们能解决所有日本和西方之间跨文化交流的问题。这种解读无疑是一种文化上的削足适履。

不仅如此,有些读者和评论家还把石黑一雄本人当成了日本的代言人和解释者。例如《纽约时报》(The New York Times)在1986年刊登的一篇关于《浮世画家》的评论:

> 西方读者在读日本小说时常会怀疑自己是不是错过了关键点或者重要的关联。这里那不再是个问题。石黑一雄先生……的作品不要求读者了解东方才能读懂……小说人物保持了东方传统的微妙情感和小心谨慎,他们总是发出轻微的笑声,说着"的确",而实际上并不赞同。作者可以很好地揭示他们真实的意图,因此他们变得似乎并不比我们任何人更加"不可理解"。

仿佛石黑一雄不仅可以就日本的社会和文化给出专业的观点,而且可以就关于日本的一切谜团给出让西方人满意的答案。石黑一雄甚至曾被要求在电视节目中就当时美日之间的贸易争端进行讨论,并"从日本这一方面展现事情的原委"。

如此种种对其作品的文化误读和资料式阐释,虽然在石黑一雄文学生涯的起步阶段帮助他确立了作为知名移民作家的声誉,但它们在本质上是对石黑一雄的文化自尊和身份认同的伤害,也会减损其作为小说家的创作自由及其作品的艺术性。石黑一雄明确地反对这种带有东方主义色彩的资料式作品解读方式,并以自身的创作体验进行了有力的反驳。他认为自己创作《浮世画家》是为了纪念和慰藉自己的文化乡愁。其中的日本在很大程度上是想象和构建出来的,他明确表示自己在写作《远山淡影》和《浮世画家》时,"对查阅历史书籍并不是十分感兴趣。……在某种程度上,我并不真的关心我的小说世界与历史真实是否一致"。此番评论动摇了对石黑一雄小说采取资料式解读的合理性,并把小说的日本特质严格限定在作家的个人虚构层面,暗中消解了那些带有东方主义色彩的作品解读。

石黑一雄不愿被看作日本文化的代言人。他表示:"我的作品完全是我的创造,并且作为一名小说家,我想写普世性的主题。……所以我下了决心,下一本书不再做日本,对此我感到一种极大的解放感。"他更希望自己的作品被看做是具有艺术性的关于普遍人性的寓言,而不是西方用以了解日本的文化读物。面对自己被刻板化、标签化的危险,石黑一雄表现出过人的胆识,他"不想被这些东西捆住手脚,哪怕它们在公众关注度上十分有帮助"。于是,继以英国旧式管家为主人公的《长日留痕》之后,石黑一雄选择了更加激进的方式,写出了一部他自称"混乱、尖锐、刺耳的书",且没有具体的社会和政治现实背景,它就是《不可安慰的人》。在这部小说中,石黑一雄几乎叛逆性地颠覆了自己标志性的精确凝练和典雅矜持的风格,走向文字上的铺陈、风格上的超现实与主题上的多元杂糅,引起了读者和评论界的广泛争议。在某种程度上,《不可安慰的人》是石黑一雄对那些强加于自己作品、带有东方主义色彩评论的反戈一击和痛快报复,表明了他与"日本代言人"和"异国情调作家"之类头衔彻底决裂的决心。小说"推动了石黑一雄的写作生涯进入一个新的阶段",自此他倾向于更加彻底地将自己的作品推向文化上和主题上的多元化和国际化。

总之,石黑一雄写作的国际性和普世性,不仅产生于他的英日双重文化背景,更产生于他的小说创作理念,产生于他不断超越自我、突破评论界对作品刻板解读的努力。

第二节 研究综述

进入新世纪之后,许多评论家对石黑一雄早期日本题材小说的评价更为客观公允,并认可其主题的跨文化性。辛西娅·黄(Cynthia F. Wong)指出,"他所描写的日本大部分是杜撰出来的,或者由他活跃的想象力创造出来的。并且更重要的是,他把日本作为一种用以编排关键主题的起点,例如异化和痛苦;他不是一名为所有日本人和整个日本代言的日本人"。新加坡学者沈伟纠(Wai-chew Sim)也认为,"石黑一雄的头两部小说对本质主义的正当性提出了质疑。……《远山淡影》和《浮世画家》都质疑了关于日本社会的种种顽固的、单一性的解决方案。它们挑战了种种普遍的文化上的刻板形象……这两部作品的目标在于推翻东方主义的种种文化公式,而不是要提供一个'真实的'或'地道的'日本"。他甚至直言不讳地指责有些读者对作品日本性的过度关注是"一种文化窥淫癖"。虽然这些评论难免有矫枉过正的嫌疑,但它们不容置疑地说明新一代评论家已经能够以更加多元和包容的心态解读石黑一雄作品,同时对曾经的文化误读保持自觉的批判态度。

自1989年《长日留痕》赢得布克奖之后,对石黑一雄作品的评论和研究愈发深入、客观、全面。1998年,布莱恩·沙弗(Brian W. Shaffer)出版了专著《解读石黑一雄》(*Understanding Kazuo Ishiguro*)。2000年,巴里·刘易斯(Barry Lewis)出版的《石黑一雄》(*Kazuo Ishiguro*)被收入曼彻斯特大学出版社的"当代世界作家"系列丛书;同年,辛西娅·黄出版了个人研究专著,书名也是《石黑一雄》。这三本专著不仅对石黑一雄本人的个人经历、文化背景以及写作生涯做了翔实而全面的记录和解读,而且对其在20世纪发表的四部长篇小说(截至1995年发表的《不可安慰的人》),进行了从文本细读到神话原型、心理分析等多角度的阐释和评价,给专业读者进行深入研究提供了宝贵的参考资料。

石黑一雄2000年发表的《上海孤儿》和2005年发表的《千万别丢下我》都获得了不错的口碑,并进入了当年布克奖的最终决选名单。以此为契机,学界的研究也再次升温并迎来又一高潮,其标志性成果是一系列博士论文和研究专著的涌现。2006年,沈伟纠出版了专著《石黑一雄小说中的全球化与错位》(*Globalization and Dislocation in the Novels of Kazuo Ishiguro*)。作者从多元文化的视角,运用后殖民、后现代、新历史主义等理论,对石黑一雄迄今的六部长篇小说一一进行了深入解读,较为充分地挖掘了其在当代全球化和后殖民语境中可能具有的丰富内涵。2008年,台湾学者王景智(Ching-chih Wang)出版了研究专著《石黑一雄小说中无家的陌生人》(*Homeless Strangers in the Novels of Kazuo Ishiguro*)。作为一名女性研究者,王景智更加关注石黑一雄作为一名"无家的作家"的身份,关注其小说中在心理上和文化身份上众多"无家可归"的"陌生人"的命运。她通过神话原型分析、互文性研究以及身份认同理论,探寻这些"陌生人"之所以"无家"的文化根源,并试图为他们找到可能的文化上和精神上的归宿。

也是在2008年,布莱恩·沙弗和辛西娅·黄共同编撰了一部《石黑一雄对话集》(*Conversations with Kazuo Ishiguro*)。它收录了从1986年到2006年的21年间,石黑一雄具有代表性的19篇对话和访谈,从中可以看出这位移民作家的人生轨迹和双重文化身份的形成过程,以及他对小说艺术和世事人生的独特感悟,特别是成名早期,其作品所受到的种种误读对他的影响,以及他最终决定走向国际化写作的心路历程。这为读者更深入地了解石黑一雄提供了宝贵而翔实的第一手资料。

2009年,两位英国学者肖恩·马修斯(Sean Matthews)和塞巴斯蒂安·格罗伊斯(Sebastian Groes)共同编写了一部以石黑一雄及其作品为研究对象的国际论文集《石黑一雄:当代批评视角》(*Kazuo Ishiguro: Contemporary Critical Perspectives*)。其中收录了来自英国、法国和日本等多个国家的当代学者对石黑一雄小说的最新研究论文,村上春树撰写了前言。论文集末尾收录了两位编者与石黑一雄的访谈。该论文集在2011年有了"续集",即由格罗伊斯和巴里·刘易斯编纂的论文集《石黑一雄,小说的新批评视野》(*Kazuo Ishiguro, New Critical Visions of the Novels*),这展现了石黑一雄研究热潮的延续性。

2010年,劳特里奇文学导读系列丛书(*Routledge Guides to Literature*)出版了石黑一雄卷,由沈伟纠撰写。该书对石黑一雄的写作生涯、小说作品及评论研究做了系统的梳理。全书不仅展现出宽广的文化视角和深厚的学术功底,而且提供了一条清晰的道路,可以帮助研究者们穿越丰富的石黑一雄研究资料、找到自身的学术兴趣和研究定位。

除了以上这些专著外,近年来国外发表的很多英美文学方向的专著或者博士论文会辟专章讨论石黑一雄的作品。例如,英国学者克里斯汀·波波里奇（Christine Berberich）在其专著《二十世纪文学中英国绅士的形象》（*The Image of the English Gentleman in Twentieth-Century Literature*）中，以专章讨论了《长日留痕》对乡间大宅所体现的传统英国性的改写和颠覆，详实地分析了管家的身份职能、文化意涵及其文学脉络，并且批判了史蒂文斯落后于时代的、带有封建色彩的绅士观念，指出他的道德观念已经脱离了时代，是"一根什么也没有支撑起来的柱子"。德克萨斯A&M大学的金永久（Youngjoo Kim）在其博士论文的第四章中，专门讨论了《长日留痕》所描绘的英国乡村大宅，指出其与20世纪80年代撒切尔夫人治下的英国试图重振实力、恢复往日帝国荣耀的政治文化大环境密不可分，因为乡间大宅是用以挽救自二战后帝国瓦解所带来的英国性危机的一个文化符号。该论文认为《长日留痕》对主人公史蒂文斯的怀旧以及英国性本身都进行了解构，而乡间大宅作为文化符号，已经成为一种历史的幻象，失去了传统意义上的拯救英国性的能力。北卡罗莱纳大学的赖安·特里姆（Ryan S. Trimm）也在其博士论文的第三章，专门研究了《长日留痕》中的怀旧叙述和英国性。

除上述专著、博士论文和论文集之外，各个流派的学者们运用心理学、叙事学、后现代理论、生态批评等多种批评方法，对石黑一雄的作品进行了深入的、往往是跨学科的解读，并取得了诸多研究成果。上文已经梳理了对石黑一雄作品中日本文化的解读和误读，下面将从记忆主题和叙事学批评、心理分析批评、多元文化与后殖民批评三个主要方向，概述2000年以来国内外有关石黑一雄小说的评论文章和学术论文类研究成果。

一、记忆主题和叙事学批评

正如前文所提到的，石黑一雄认为自己小说讨论的主要内容之一就是记忆，因为这是他感兴趣并擅长的领域。他说："类似记忆的东西，一个人如何为了自己的目的和目标而去使用记忆，那些事情让我深深地着迷。……我试图探索人们如何使用语言来自我欺骗和自我保护。"在另一场合,石黑一雄补充说,主人公们"通常对过去感到担心,这并非偶然。担心是因为他们感觉到过去的某些东西不太对",他们"知道他们不得不避开的东西,并且那决定了他们穿越记忆、穿越过去的路线"。显然,石黑一雄小说主人公们的自传式记忆注定将与不可靠叙事紧密相关。

在英国学者克里斯托弗·汉克看来,记忆主题是当代英国小说的一个重要母题。其复杂性在于,"自传性记忆、构建主义哲学和认知心理学告诉我们,记忆是一个复杂的认知过程,它与过去所经历的事件并没有直接的关系",个人的记忆往往是受当下的需要影响并"经历不断的重写和编辑",它包含了"一个连续性的对自我的'自创造'过程"。辛西娅·黄撰文指出,石黑一雄前三部小说中的主人公在对记忆的处理上有个共同点:他们都对过去进行了一定的"背离"或者"倒置",试图以此摆脱过去的阴影;他们出于对过去的羞耻而"重新安排过去的事件";他们"记忆是为了忘却,他们重新构建过去是为了抹除它"。

这是一种个人与其记忆的矛盾心态和紧张关系。例如,《远山淡影》中悦子曾说:"记忆……可以是一个不可靠的东西。它可能会极大地受到一个人运用记忆时周围环境的影响";而悦子的公公尾形则主张"人应该时不时地往回看看,这能使人对事情有个正确的认识"。石黑一雄作品中的人物迷恋于回忆,但又对回忆的不准确性心存疑虑。同时,这些回忆往往与他们曾经的过失和罪责、与身边人的回忆乃至与公共历史之间存在紧张关系。他们既要在回忆中小心翼翼地自我辩护,以保持自己的尊严,又不愿触及过去的种种不堪和罪责所带来的痛感。这决定了石黑一雄小说中主人公叙述的两个重要特点:沉默和不可靠性。

石黑一雄的小说中,沉默和叙述几乎同样重要,他认为自己的作品"常常通过没有言说的部分来表达,几乎与通过言说的表达一样重要。并且某些感情的强度是通过它们如何不被言说来表达的"。诸如此类的沉默如《远山淡影》中悦子对自己带女儿庆子去英国的动机和过程的沉默、对在英国期间庆子精神状况的沉默;《长日留痕》中史蒂文斯对主人达林顿勋爵决定开除家中犹太女佣的沉默,以及当主人几乎沦为纳粹傀儡时的沉默；《上海孤儿》中班克斯对自己去到战争废墟中寻找父母的探案逻辑的沉默，等等。

美国学者迈克尔·伍德在其专著《沉默之子：论当代小说》中从宏观角度检视了当代小说中的沉默现象，"沉默是文学所想要但却不可得，不仅是因为文学的条件恰恰是语言，而且因为巧妙地信守沉默是文学最具吸引力的成就之一"。在他看来，《远山淡影》中悦子的"寡言少语"本身就"充满了意义"。有学者认为《长日留痕》中史蒂文斯的"沉默寡言"和"一本正经"表明了他无法自拔地陷于英国乡间大宅的"意识形态"中；一位日本学者甚至将石黑一雄小说中的沉默与东方哲学联系起来，认为小说表现了"东方玄学在话语、书写和沉默上与西方主流观点不同的理解"，即那种"无声胜有声"的效果和境界。要真正理解石黑一雄小说人物叙述中的沉默，必须将其与作家所说的"隐藏意义"联系起来。从小说人物的角度来说，这种"隐藏"，可能是一个从无视乃至逃避，到有所认识的过程；也可能是有意的"掩盖"；还可能是两者兼而有之。沈伟纠指出，石黑一雄的小说中人物的这种沉默和自我逃避，最终往往带来"有力的顿悟情节（forceful recognition plot），其中叙述者经历一系列的起承转合，开始对一直困扰他或她的想法有所领悟"。人物回忆中的选择性沉默带给石黑一雄小说更多的可能性，也带给读者更多想象和阐释的空间。

另一方面，人物的"自我欺骗"和"自我保护"一旦体现在叙述中，就表现为不可靠性，正如有学者总结的，"第一人称叙述终究是一种坦白；而有东西要坦白的人，就会有东西要掩盖"。戴维·洛奇在其1992年出版的《小说的艺术》中就专门以《长日留痕》作为不可靠叙述的范例。叙述学专家凯斯里恩·沃尔撰文从"话语""场景与评论""顺序与持续时间"和"读者对叙述中不一致的鉴别"四个方面，对《长日留痕》中的不可靠叙述进行了分类讨论，并指出史蒂文斯的主体性在个人情感和帝国意识之间的紧张关系下发生了断裂。她认为小说挑战了我们对不可靠叙述的通常定义，即韦恩·布斯提出的叙述中所体现的道德准则、价值观与隐含作者的不相吻合；她还对叙述者与隐含作者之间的"反讽距离"（ironic distance）提出了疑问，因为史蒂文斯在小说中反复承认自己的叙述可能存在不准确的地方，或者因为情境等因素影响而有偏差的地方。那么,当叙述者"在讲述中承认自身的不可靠性会发生什么"?"如果叙述者有意无意地提供给我们纠正其不可靠性的方式,那对我们对其不可靠性的洞察力又会有什么影响?"

对此,叙述学研究者詹姆斯·费伦和玛丽·马丁指出,《长日留痕》中的不可靠叙述表明,除了关于事实或价值观的不可靠叙述之外,叙述者也可能在涉及"知识和洞察力"的问题上出现偏差——或者"理解不够"或"有意扭曲"。据此,他们将不可靠叙述分为六种情况:错误记述(misreporting)、错误解读(misreading)、错误考虑(misregarding)和记述不足(underreporting)、解读不足(underreading)、考虑不足(underregarding)。两人认为,小说对读者提出了更高的要求:辨别和读解不可靠文本的责任"从石黑一雄和叙述中的种种标记转移到读者身上",而读者读解的决定性因素是"个人的伦理信仰,以及它们与史蒂文斯作为一个特定情境中特定人物的互动"。这种叙述学与读者反映论相互交叉的解读方式得到了其他学者的呼应。如亚当·牛顿以《长日留痕》为例,将叙事作为一种伦理行为来讨论,不仅仅是叙述者,读者也不可避免地参与其中。这种伦理行为包括三层伦理结构:叙述的、再现的和解释学的。他详细分析了《长日留痕》中叙述的和解释学的伦理结构之间的联系,并得出结论:作为自传性回忆叙事,史蒂文斯在小说中不仅与读者分享自己的故事,而且把后者作为知心密友,小说从而"以一种私密的伦理学训练了读者,这与任何维多利亚时代的文本一样具有强烈的道德意义"。很明显,亚当·牛顿的叙述伦理学之不足在于避重就轻,仅仅囿于个人层面,缺少了一份历史文化批判的锐利与深刻。

与这些注重理论分析的批评不同,前文提到的《二十世纪文学中的英国绅士形象》一书,则从文本细读的角度,对史蒂文斯叙述中具体的不可靠之处做了较为细致的盘点和归纳,特别是对其所关注的"尊严"概念,从意识形态的角度指出史蒂文斯理解的片面性以及由此带来的思想和行为偏差。这实际上支持了前文费伦和马丁的观点,即主人公不仅存在叙述事实上的不可靠,在对关键文化概念的认知上也存在偏差,从而部分导致了其行为和叙述的偏差。

我国学者也十分关注石黑一雄小说中的不可靠叙述,如李建康认为《上海孤儿》挑战了"不可靠叙述"的传统定义,即它不是从叙述者与隐含作者之间在认知和价值观等方面的一致与否来定义不可靠性,而是需要读者关注文本内部和文本外部两个参照系①。虽然文本外部参照系会随着读者文化背景的改变而改变,从而很难有一个客观而稳定的定义,但这恰恰给石黑一雄小说的国际读者们留下了充足的跨文化阐释空间,因为读者可以根据自己的文化背景来理解和定位人物叙述的不可靠性。这使得石黑一雄作品的不可靠叙述在一定程度上具有跨文化的多义性。

可以说,石黑一雄对不可靠叙述的运用,并没有止步于小说形式或写作技巧的层面,而是将之置于人物的内心情感动机与其对自身叙述不可靠性的意识所形成的复杂话语场域中,多角度地展现和探讨人物的叙述行为和道德选择,凸显人物身上可能存在的认知偏差及其背后的意识形态因素。由此,石黑一雄小说中的不可靠叙述就具有了伦理考察和文化批判的向度,而这些不可靠叙述的文本外部参照系的灵活性,也给国际读者的跨文化解读留下了足够的空间。

二、心理分析批评

石黑一雄小说中大量的自传性回忆和个人独白,给心理分析提供了丰富的素材。研究者们运用相关理论,探讨叙述者如何在故事讲述中运用各种自我防御机制,诸如否认、投射和压抑等,来取得其预期的叙述效果。例如布莱恩·沙弗在《解读石黑一雄》中指出,小说主人公们"运用一种或多种心理防御机制——特别是压抑——来对抗某些不受欢迎的记忆或者无法忍受的欲望"。他将这种防御机

---

① 文本内部参照系是指班克斯与其他小说人物对同一问题看法的矛盾之处,以及他叙述内部的前后矛盾与自我消解;文本外部参照系是指班克斯的叙述与读者所接触的世界的文化习俗、生活常识,以及读者所具备的其他常识的不一致。

制按照目的分为两类：一类是主人公要压制那些关于自己过去的认知，以"保护他们自己免受痛苦经历的伤害"；另一类是为了压抑那些他们无法面对或无法承认的欲望，因为"这些欲望与他们的伦理和审美标准无法兼容"。下面以《长日留痕》和《不可安慰的人》为例，管窥对石黑一雄作品的心理分析。

对于《长日留痕》的心理分析研究主要围绕史蒂文斯对待管家工作的心态和对肯顿小姐的欲望。在这方面，常规的观点认为史蒂文斯为了工作付出了巨大的自我牺牲，忽略了自身的很多基本权利并压抑了对肯顿小姐的感情和欲望。评论者往往对史蒂文斯持既批判又同情的矛盾态度。在这方面，蕾娜塔·塞莱克(Renata Salec)的分析与众不同且具有挑战性。她认为小说中"爱情并没有被设置为与职业精神相对立"，而史蒂文斯实际所欲望的是种种面具，即"体面的面具、职业精神的面具和无性欲的面具"。塞莱克认为，在史蒂文斯身上寻找某种所谓被压抑的主体性或对肯顿的爱情，是不切实际的，因为"他所有的爱都给了仪式"。

塞莱克借用了拉康的"自我理想"(ego-ideal)概念。"自我理想是象征界中的、主体与之相认同的那个地方。正是从这个地方，主体以他或她想要被看见的方式，观察他或她自己"，而史蒂文斯的自我理想更多是由所谓"管家的职业准则"构成的。她的结论是，史蒂文斯爱的是他工作中的仪式，他的爱只来源于他对工作和责任的所谓奉献。她对史蒂文斯的批判深刻且毫不留情。而根据这条思路，之前被普遍接受的史蒂文斯为工作而完全放弃个人权利和感情的观点就面临挑战。

另一位研究者理查德·拉什顿(Richard Rushton)也提出了十分有挑战性的观点："史蒂文斯从自我理想中获得的满足，在其深处仍是自恋式的。"对于史蒂文斯，"正是自我本身被置于自我理想的位置上……从对理想的奉献中，他显然获得了一种至高的成就感和快乐……这并不让人吃惊，因为他的奉献很好地契合于其自我的自恋式奋斗"。拉什顿由此断言：史蒂文斯"过着一种恐怖的生活"，因为他已经欣然地让职业准则的意识体系完全占据了自我和无意识，从而无法察觉自己人性的丧失和对人类基本权利和情感的放弃。这两位评论者的论断可谓锋芒毕露,刺入人物意识的最深处,直至挖掘出其内心最为不堪的部分,让人印象深刻。

对于《不可安慰的人》这部受到争议的作品,很多评论家运用弗洛伊德关于梦境的理论进行分析,因为它打破了石黑一雄赖以成名的简洁优雅的写作风格,变得冗长混杂而有如梦境。例如,巴里·刘易斯认为小说中事件发生的逻辑与人类的梦境相似,并且与弗洛伊德提出的梦对现实的扭曲机制"移置"的概念暗合:两者的表现形式都包含了场景和人物的快速出现、转换和消失。于是,弗洛伊德对梦境的解释很大程度上适用于主人公赖德,如弗洛伊德认为梦境是经过人类大脑伪装的、无意识中的种种欲望得以实现的方式,而它们在人清醒状态下会受到超我的压抑。刘易斯认为主人公赖德经历的很多事件都可以被看做是其无意识中欲望的实现形式,或者是其恐惧的表现形式。加里·阿德尔曼(Gary Adelman)指出,"此小说的艺术目标,就是要通过梦境的语言、逻辑和表现方式以及与主人公相似的人物,将主人公的内心生活外在化"。彼得·查尔兹(Peter Childs)则把这部小说称为"石黑一雄对创造性的误忆和焦虑的最为直白的讨论,那种焦虑在于人物竭尽全力要与自己的过去达成妥协"。依此线索,娜塔莉·雷塔诺(Natalie Reitano)在赖德的叙事中解读出叙述者试图修复个人创伤的元素,并运用相关的创伤理论进行分析。可以说,对这部小说的心理分析批评本身也是混杂多元的,这似乎正对应了小说的主题:当代人生活时空的碎片化所带来的人的欲望、焦虑和恐惧的复杂混合状态。在一个日益全球化的、有越来越多不可知因素和不安全感的世界中,人作为主体的完整性,与赖德在小城的遭遇相仿,正受到来自各个方向外力的分裂。

三、多元文化和后殖民批评

石黑一雄的双重文化背景和移民作家身份,很自然地将其与多元文化研究和后殖民批评联系在一起。英国社会的文化多元化始于二战后。从1948年前后开始,从其他英联邦国家涌入了大批移民,经过二十多年的累积效应,至 70 年代末 80 年代初,英国面临着从文化身份上重新定义自身的挑战。日益增多的具有多元文化背景的人口,开始在文化上发出自己的声音,而且英国社会对此也给予了充分的包容。20 世纪 80 年代,石黑一雄常被与拉什迪、奈保尔和提摩西·莫等人相提并论,因为他们的共同点是给英国文学带来了新鲜的、非盎格鲁—撒克逊白人的东西,拓展了英国文学的场域。文化学者布鲁斯·金(Bruce King)认为他们给英国文化环境带来了一种"新的国际主义":不仅少数族裔和多元文化身份的作家们愈发受到关注,而且来自澳大利亚、新西兰、南非、波兰等国的英语作家都先后获得了布克奖①。

对于石黑一雄作品中的多元文化,他在东英吉利大学(University of East Anglia)的导师、当代英国小说家和文学评论家马尔科姆·布雷德伯里(Malcom Bradbury)给予了高度评价,并认为它是日益兴盛的国际小说的有机组成部分:"石黑一雄的小说将英国小说和其他形式的小说结合了起来,创造出一种国际的、晚期现代的小说声音,它……大于任何单独的文化。"沈伟纠认为石黑一雄的写作日益"被看做是代表了某种大的社会文化趋势和发展方向……石黑一雄被广泛接受,人们对此欢呼雀跃,认为它象征着一个更加自信和包容的社会环境"。英国学者肖恩·马修斯和塞巴斯蒂安·格罗伊斯在其编撰的《石黑一雄:当代批评视角》的导论部分中指出,石黑一雄的"写作尽管在时间和地点上很具体,却超越了国家和语言的边界。他的作品赞美开放和宽容,为所有地方和时代的读者而写,同时又没有落入文化相对主义的窠臼"。研究石黑一雄的专家辛西娅·黄这样评价其小说:"主题广泛且具有普世的吸引力,在读者、题材范围和内容上都十分国际化……其作品将不同的声音和关切熔于一炉,由石黑一雄这样一位国际作家所写的小说被置于历史背景之

---

① 从 1982 年到石黑一雄得奖前的 1988 年,短短七年间的布克奖得主中,出现了两位澳大利亚人[1982 年的托马斯·肯尼利(Thomas Keneally)和 1988 年的彼得·凯里(Peter Carey)]、一位南非人[1983 年的库切(J. M. Coetzee)]和一位新西兰人[1985 年的胡勒(Keri Hulme)]。

中,具有丰富的文化内涵,又具有人文主义的取向。"

国内许多评论家对于石黑一雄作品中的多元文化因素也发表了相关论述。王岚认为小说《上海孤儿》中对中国人的描写,是当代英国作家中最为客观公允的之一。步朝霞指出,石黑一雄有一种超越自身民族与国家身份的精神……站在"不带偏见"的立场来思考包括战争在内的人与人之间的关系。

在石黑一雄的小说中,《长日留痕》以其对英国乡间大宅小说主题的改写和对"英国性"内涵的讨论,在多元文化和后殖民批评领域引发的反响最大、受到评论界的关注最多。有学者发现,通过"它对英国绅士传统的讽刺",小说"暗中传达了一种需求,要建立一个文化上更加包容的英国民族身份"。约翰·苏(John J. Su)认为,作者似乎通过人物哈利·史密斯之口,"主张一个更加包容的社会氛围。这预示着未来的英国社会将给差异和边缘留出更多宽容的空间,而这是先前的大宅小说,诸如《重返布莱兹海德庄园》(*Brideshead Revisited*)所排斥的"。在对英国文化身份的讨论中,斯蒂芬·考纳认为,《长日留痕》展现民族身份的目的在于将这样一种受约束的身份想象所依赖的、被拒之门外的东西重新引入。其目的在于扩大跨文化和文化间的叙事身份及其基本特性和条件的种种可能性。小说传达出这样的观点:只有更多的文化宽容,才有利于构建连贯一致的英国性。有的批评者更加尖锐地指出,该小说"描绘了压抑人性的英国特质所具有的毁灭性,并探索了所谓的民族特质,只有走出这些特质的束缚,一种真正的后民族主义才会出现"。布鲁斯·金和劳拉·霍尔也分别在其1991年和1995年的论文中表达了类似的观点。

石黑一雄的小说不仅在多元文化批评领域引发共鸣,在后殖民批评领域也受到热烈讨论。严格地说,石黑一雄本人的文化背景很难与后殖民文学或者后殖民小说家直接画上等号,因为后者要求作家与某一个或多个前殖民地有某种深度的联系:或者出生于彼,或者与彼有无法磨灭的情感联系,而石黑一雄不具备这个条件。日本并不是英国的前殖民地。从1853年美国舰队轰开日本国门,到明治维新废除幕府封建统治并建立资本主义君主立宪制国家,只有短短十五年左右。明治维新之后,它甚至成为"西方列强"的一员,一个在亚洲地区向他国殖民的国家。但是,如果从广义的角度来看后殖民文学,把它看做一个具有包容性的概念,并涵盖"一个后帝国时代的世界以及相关文化所应包含的内容",那么移民文学就是后殖民文学当然的一部分。"'后殖民写作'的术语用在石黑一雄身上就此产生了意义。"

从这个角度看,石黑一雄创作"国际小说"的种种努力,本身就与后殖民文学的精神实质并行不悖。学者们也从后殖民批评的角度关注了他的多部作品。例如,罗斯玛丽·乔治认为《长日留痕》建立起了"另一种文学经典"(alternative canon)或者"反向的文学经典"(counter-canon),她称之为"全球英语"。在其专著中,罗斯玛丽·乔治指出,《长日留痕》与康拉德的《黑暗的中心》有很多相似或相同的地方。在她看来,后者是一个小说创作领域的"战略性断层"(strategic fault line),或者说,它"为20世纪国际英语写作的整个文类提供了小说创作的基点"。康拉德独特的"个人位置"与"他的小说所涉及的领域"使其写作可以被看做一个对全球英语来说"具有生成性的"(generative)过程。罗斯玛丽进一步阐释道:"康拉德将其小说转变为一种场所(site),全球作家和读者可以在此进入、体验和走出西方世界,康拉德以这种方式最好地服务了英语小说文类。"她认为《长日留痕》也延续了康拉德的这种写作路线,把英国的乡间大宅小说经过一番主题上的改造,转变为在文化上具有更广阔可能性的"全球英语"的一个"场所"。

也有学者从看似相反的角度来讨论这个问题,关注《长日留痕》中的移情效果,认为石黑一雄使用"那种高明而简约的英国小说形式——风俗小说——来解构英国社会及其帝国的历史"。在这位研究者看来,《长日留痕》实现自身后殖民文学属性的方式,正隐藏在其看似传统的风俗小说的形式之中:"小说叙事的亲密语气……使得读者同情史蒂文斯,哪怕这个管家完全被达林顿勋爵所骗。这样,石黑一雄使得读者能够体验那种残酷而滑稽的哄骗之中的每一个微妙之处,而此种哄骗就是主人/仆人、殖民者/被殖民者关系的核心。"

需要指出的是,关于石黑一雄小说的后殖民性,学界存在一定的争议。石黑一雄毕竟不是来自一个真正的前殖民地国家,而且有学者批评其作品的后殖民性并不彻底。例如,苏希·奥布莱恩声称《长日留痕》与其所描绘的社会秩序最终还是存在共谋关系。在其文章中,奥布莱恩认为小说在史蒂文斯"维多利亚式的"举止方式与新主人法拉戴美式的个人主义观念之间,存在一种过分简单化的对立。虽然这种主题性的对立帮助小说确立了自身的多元文化性质,但它实际上只是助推了"一种世界小说工业,而这种工业只会抹杀和消化差异"。奥布莱恩警告说,这种对多元文化的简单化、庸俗化理解"忽视了资本主义所依赖的具有多面性和矛盾性的力量,而当今它有能力以这种变化多端、捉摸不定的方式运作"。在奥布莱恩看来,过分放大史蒂文斯和法拉戴之间的差异会支持跨国资本主义在全球的进一步渗透,因为它假设了"一个大一统的殖民时代的英国和一个对其具有强大……吸引力的'嘈杂、多语言和五彩缤纷的'地球村"。奥布莱恩的重点无疑是要强调多元文化中,各种差异元素的不可化约性,这一点的确是这部小说略显不足的地方。

博·艾克伦德也对小说持深刻的批评态度。他认为《长日留痕》最终未能对当代的社会现实提出挑战和质疑。它"始于达林顿府糟糕的压抑人性的往日,石黑一雄似乎在暗示,我们正生活在法拉戴先生新的美好而解放的时代"。尽管小说混合了多种文体,例如游记、大宅小说、政治回忆录等,但它们只是通过"逃避、歪曲和自我辩护等形式上的运作",呈现出"一种具有共谋性的历史"。艾克伦德的结论是:《长日留痕》具有讽刺性,但是"又讽刺得不够";它"自己提出问题",却避开了解答;它未能识别出那些妨碍其批判和社会洞察力的形式上的种种局限。此评论敏锐地看到了石黑一雄在文化上的客观中立态度所决定的作品特质:它们尽力避免直接对人物及其行为和事件的价值判断,而把决断权更多地交给读者。这在对读者提出更高要求的同时,必然在某种程度上使小说的价值判断显得暧昧和不确定,这与后殖民文学往往带有的鲜明的政治态度形成一种对照。

但同时,也有批评声音认为这一点正是石黑一雄后殖民立场的独到之处,认为他"代表了后殖民研究的一种边界和界线的案例",而他的小说提出了"关于身份和再现的棘手问题,这些问题从一开始就困扰着后殖民理论的基础"。尤其是,石黑一雄的作品提出了这样一个问题:"后殖民文学"的标签是否取决于作家的族裔出身与族裔认同,并"由此继续扩大殖民文学中产生的、相互隔绝的范畴"?或者它是否应适用于所有致力于描绘殖民或后殖民经验的作家?区隔还是吸纳?石黑一雄的案例提出了一个值得整个后殖民批评界认真思考的、事关其前途命运的问题。

在创作过程中,石黑一雄的确有着强烈的多元文化意识,他立志创作国际小说,并从语言、文化和主题等方面做出努力。他希望自己的作品能够不仅在英国和英语世界,而且在多种文化中都得到接纳和欢迎。这要求他不仅发掘各文化共同关心的议题,也必须在小说语言和文化细节上为跨文化做好准备。布莱恩·沙弗富有洞见地指出,石黑一雄的小说"不仅是被翻译,而且它们是为了翻译而写的"。随着石黑一雄研究的深入及其小说打破地理和文化界线的趋势日渐显现,众多文学的分支领域都开始重视其作品,并且"将石黑一雄看做自己领域的一员,它们包括亚洲流散写作、少数族裔写作、宗主国文学、后殖民写作、世界文学和比较文学"。

以上我们从叙述学、心理分析和多元文化等三个主要方向,概览了新世纪以来国内外的石黑一雄研究现状和各领域中代表性的观点与评论。目前的石黑一雄研究固然已颇具规模,但是在研究角度上仍有一定的拓展空间。本书将从"共同体关怀"这个蕴含于石黑一雄"国际小说"创作追求中的新角度,去重新审视他的主要作品,希望能在推进石黑一雄研究深度的同时,在研究角度上有所拓展。

第三节　共同体理论简述

本书将选取社会学家安东尼·科恩(Anthony P. Cohen)的共同体符号性构建理论的主要观点作为理论框架和分析依据,同时还将适时借用文化批评、身份认同理论、意识形态批评等理论工具,以辅助论文的分析阐释。选择共同体符号性构建理论的理由有二。首先在于科恩的理论重视共同体中蕴含的个人自由和主观性,特别是它提倡包容成员对共同体构建符号差异化的理解和阐释。它认为共同体是一种心理存在物和文化构建物,而不仅仅是传统意义上既存的社会组织形态。该理论实际上赋予个人以建构和改变自己共同体认同的可能,这是我们讨论石黑一雄小说的主人公们通过叙述进行共同体构建的理论基础。其次,科恩的理论和石黑一雄的小说具有相似的伦理价值关注,表现在对他者与差异的尊重和包容。这使得两者具有内在精神上的契合与共鸣。

  本书将在论及石黑一雄绝大部分作品的基础上,着重分析《长日留痕》《上海孤儿》和《千万别丢下我》这三部代表性作品,深入讨论其中的共同体在现当代条件下面临的困境以及希望所在。一方面,石黑一雄以其深刻的意识形态和历史文化批判,展现了主人公们围绕特定文化符号进行的共同体构建所面临的困境和危机。《长日留痕》的主人公史蒂文斯受困于帝国意识形态的摆布。他以"职业精神"为核心文化符号,构建了三个不同层次的共同体。然而,史蒂文斯对"职业精神"的狭隘理解与固守,既缺乏人性温暖又僵化顽固,容不得异见,最终导致了其个人生活和职业追求的双重悲剧;《上海孤儿》辛酸而深刻地展现出资本主义全球殖民体系对主人公班克斯个人共同体的暗中破坏和瓦解,而班克斯面对这个庞大而又无处不在的恶的体系,显得无能为力;《千万别丢下我》则针对当代世界的消费主义和人类中心主义,从假想的克隆人视角,展现出这两种趋势一旦发展到极端,可能给克隆人所象征的社会底层群体带来的悲剧命运。

  另一方面,不论是展现人物的共同体追求,还是讨论共同体困境,石黑一雄的目的都是为了探索在现当代条件下,走出共同体构建困境的希望之路。《长日留痕》暗含了作者对共同体"滚动契约"(rolling contract)的呼唤。小说主人公史蒂文斯对压迫性意识形态和古旧刻板文化观念的固守,及其对共同体成员情感的漠不关心,已经不再适用于当代世界。只有在共同体内部定期地更新彼此间的精神默契和情感纽带,才能维持共同体鲜活和旺盛的生命力;《上海孤儿》从班克斯的怀旧情感中,提炼出了有可能打破资本主义全球殖民体系和重建个人共同体的、富有行动力的理想主义人性冲动;《千万别丢下我》则通过模拟克隆人的视角,探讨了受压迫者如何在伦理上实现自我超越、在共同体认同上实现自我转变,构建或投入具有更广泛包容性的共同体,从而增加自身反抗不公命运的希望。

在当代学术界,"共同体"(community)是一个被广泛使用而又争议不断的话题和术语。英国马克思主义历史学家艾瑞克·霍布斯鲍姆(Eric Hobsbawm)甚至为这个词在学界的过分使用而满腹抱怨:"'共同体'这个词从未像最近几十年这样被任意而空洞地使用。"在最近30年的文学、社会学、政治学等多个学术领域中,"共同体"这个术语被广泛地应用和讨论。然而,这个概念本身却是一个游移和多义的存在。乔治·希勒里(George A. Hillery)在发表于1955年的一篇论文中不厌其烦地归纳了94种共同体的定义。这个术语使用如此广泛,表达如此多样,引发的争议如此之大,如果我们要从中甄别出可以帮助理解石黑一雄作品的部分,就有必要对"共同体"这一概念的相关问题做一番简要梳理。

一、共同体的定义

根据雷蒙·威廉斯(Raymend Williams)的考证,"共同体"一词自从14世纪就开始存在。最接近的词源为古法文 comuneté 和拉丁文 communitatem,意指基于关系与情感所组成的共同体。可追溯的最早词源为拉丁文 communis,意指普遍、共同。威廉斯在其文化研究著作《关键词:文化与社会的词汇》中,列举了不同历史时期中,"共同体"的五种不同意涵:

(一)平民百姓,有别于那些有地位的人(14世纪至17世纪);(二)一个政府或者是有组织的社会——在后来的用法里,指的是较小型的(14世纪起);(三)一个地区的人民(18世纪起);(四)拥有共同事物的特质,例如共同利益、共同财产(16世纪起);(五)相同身份与特点的感觉(16世纪起)。

我们可以看到,前三种意涵指的是实际的社会团体,后两种意涵则指某种人与人之间的关系和特质。在《新牛津字典》中,"共同体"一词的相关义项如下:1. 在一个地方共同生活的,特别是享有财产共同所有权的一群人;2. 生活在一个特定地区或者地方的所有人;3. 与其居住者被一起看待的一个特定的地区或者地方;4. 被集体看待的一个地区或者国家的人们,特别是在社会价值观和责任的语境中;5. 在宗教、种族、职业或者其他方面有共同特点的一群人;6. 被共同利益统一在一起的不同民族和国家组成的组织;7. 共享或者共有某种态度和利益的状态;8. 相似性或者同一性。

以上列举的诸多意涵和义项证明了"共同体"一词的广义性。它可以表示一群人,可以表示一个地域,还可以表示一个国家、多个国家乃至整个"国际社会"(The International Community)。该词的运用是跨学科的,涵盖了政治、经济、文化和心理等多个学科领域。具体来说,对于社会学,共同体"传统上是指基于小群体的,例如邻里、小镇或空间上被限定的地域。它是一种特定的社会组织形式";人类学则把这个概念应用于文化群体,比如少数族裔的集体身份认同;在政治学上,共同体主要关注公民权利、自治和公民社会;哲学和历史研究则更多地把共同体聚焦为一种意识形态或者乌托邦,因为共同体始终是对人类追求更加美好生活的表达。

19世纪的著名社会学家滕尼斯(Ferdinand Tonnies)在其著作《共同体与社会》中,将自从封建时代就开始存在的传统共同体界定为"拥有共同的特质和相同身份与特点的群体关系;是建立在自然基础上的、历史和思想积淀的联合体;是有关人员共同的本能和习惯,或思想的共同记忆;是人们对某种共同关系的心理反应,表现为直接自愿的、和睦共处的、具有重要意义的一种平等互助关系"。可以看出,滕尼斯把传统共同体看作一种基于人的自然情感的、传承着共同的历史文化的、由相似的特质和认同维系的、持久和真正的共同生活。

加拿大当代哲学家查尔斯·泰勒(Charles Tayler)对共同体问题也有较为深入的研究,其观点散落于其著作和文章中,而且相当一部分是在与自由主义理论家们的论战中形成的,所以他对共同体的

定义更多关注与自由主义的区分,更加强调个人与他人和环境的关系。此处引用我国学者韩升对其主要观点的整理概括:

> 它是一种依靠习俗、情感维系而非人为建构的意义聚合体。它提供一种支撑认同的道德框架和善的视野;……共同体并非为特殊目的而按照规则建立的,而是其成员通过互相合作和互惠互利而形成的社会背景,是个体认同的建构者,是一种构成环境、一个有机整体,而不是原子的聚合。

从以上所列举的诸多定义中,我们可以发现共同体的两个核心要素:情感和共识。共同体成员间彼此友好和亲密的情感纽带是凝聚共同体的基础。齐格蒙特·鲍曼(Zygmunt Bauman)曾这样描述它:

> 我们彼此之间绝不陌生。我们可能争吵——但这些是友好的争吵,只不过我们都试着把我们的共处变得比以前更好、更愉快,我们有着同样的改善大家共同生活的愿望,但我们可能对如何做才最好存在不同意见。但是我们绝不会希望彼此运气糟糕,而且我们也能确定周围的其他人也都对我们怀着良好祝愿。……在共同体之中,我们能够依靠彼此之间的善意。如果我们跌倒什么的,其他人会帮助我们重新站起来。没人会嘲笑我们的笨拙或者幸灾乐祸。如果我们真的做错了,我们可以坦白、解释和道歉、忏悔,如果需要的话;人们会带着同情聆听,并原谅我们,这样就没人会永远心怀怨恨。

共同体是一个家园般温暖的场所。瑞典学者罗森博格(Goran Rosenberg)将这种情感纽带描述为一个"温暖圈子"(warm circle)。在其内部,人与人之间忠诚友爱的情感"不是从外部社会的逻辑,或者任何经济上的成本收益分析中得出的"。正是这一点使得共同体这个"圈子"变得"温暖"。其成员之间不是充斥于当代社会冷冰冰的算计和所谓的"理性",而是真正发自内心的良好意愿。

共同体的另一要素是对成员具有重要意义的共识。它可能来源于相似的历史文化习俗或身份认同等。滕尼斯称之为"自然形成的共同理解"(common understanding coming naturally)：

> 一种其成员共同拥有的理解。……共同体式的、真真正正的理解，不需要去追求，更不用说需要建立或斗争了。那个理解"就在那里"，现成并随时可用——因此我们不需要多说就能互相理解，……那种共同体所建于其上的理解优先于所有的一致与分歧……它是那些联系在一起的人们的恰当而真正的意愿；并且正是因为这样的理解，也仅有这样的理解，才使共同体中的人们保持根本性的团结，尽管有种种可能导致分离的因素。

可见，19世纪末的滕尼斯对传统共同体内部"共同理解"的定义和要求是相当高标准的。然而，它在很大程度上已经不再适应于今日的社会条件，显得有点理想主义，甚至带有乌托邦的性质，在高度流动性和日益全球化的当代环境下，既难觅其踪又难以实现。鉴于此，齐格蒙特·鲍曼转而使用"滚动契约"一词来描述当代条件下共同体内部共识的新特性：

> 从现在起，所有的同质性都必须通过筛选、分离和排除，从大量杂乱的多样性中精选出来；所有的一致性都需要被制造出来；"人工产生的"和谐是唯一行之有效的形式。共同理解只能是一种成就，而这种成就，只能在经历曲折漫长的争论和说服工作，以及在与无数其他潜在可能性进行艰苦的竞争之后才能实现。……因此，无论它是多么的牢固，没有什么共识能够显得"自然而然"或"不言而喻"，如同滕尼斯和雷德菲尔德的共同体中所说的那样……它将不再能免于进一步的反思、质疑和争论。

在鲍曼看来，当代全球化条件下，交通和通信条件极其发达，传统的空间和信息藩篱很大程度上已被打破，人际交往的自由程度前所未有。在这种高度流动的当代条件下，那种传统的、自然而然形成的共同理解,不得不被一种新的共识所替换。这种共识需要共同体成员之间不断商议、检视与定期地再确认,从而成为一种不定期的"合同""契约"或发挥类似作用的默契、认同。其每一次的"续约"都需要成员之间有形或无形的商议,并再次确认其认同。这一不间断的过程,就是鲍曼所谓的"滚动契约"。它打破了传统共同体的稳定不变的神话。这可能是一种损失,但同时,它为在当代条件下,重新阐释和构建新型的共同体提供了可能性,并为其未来的可持续发展提供了源源不断的活力。

从以上讨论可以看出,"共同体"的定义是多种多样的,而且随着时代社会的变化发展不断被赋予新的内涵。这种定义的繁杂和演变并没有妨碍学者们的研究热情,反而不断激发更多更大的争议和讨论。正如英国学者阿德里安·利特尔指出的,"也许正是由于缺乏围绕着共同体概念的清晰界定,它反而得以成为一种对理论家和政策制定者都相当有吸引力的东西"。

二、共同体的理想主义和乌托邦性质

"共同体"一词天生就具有某种理想主义的,甚至是乌托邦的性质。正如鲍曼所说,"'共同体'这个词听起来很甜美。它所唤起的是我们错过和缺乏的一切,有了它我们才会感到安全、有信心并愿意去相信"。共同体是可靠感、是家的温暖舒适。

然而,随着时代和社会的发展变化,历史上的共同体也经历了衰落、迷惘和重构的痛苦过程。自文艺复兴之后,随着欧洲近代中央集权国家的兴起,政治生活的中心从民间自治转移到了国家政权;城邦自治被削弱,其中各种自发性的封建社会组织(如封建行会等)渐渐衰落或消失;作为天然共同体的村庄①,受到资本主义农业产业化、集约化的挤压。所有这一切导致了文艺复兴后现代资本主义原始积累和快速发展的数个世纪间,传统共同体不断衰落。及至20世纪初,欧洲传统意义上的城邦共同体几乎完全被现代社会体制和经济形式取代。在这个意义上,德兰蒂认为,"关于共同体的现代话语充满一种失去的意味"。

在欧洲从传统社会向现代社会转型的过程中,文艺复兴、启蒙运动和随之而来的资本主义时代精神强调个性解放和个人自由的价值。在极大地释放和推动人类的创造性和生产力的同时,其付出的代价是摒弃了封建时代稳定而传统的人与人的关系,因为现代性"首先清除的就是'传统的忠诚'和'习惯性的权利与义务'"。易变性和不确定性是现代社会的典型特征之一,在人际关系方面也是如此。这不可避免地带来了转型时期社会价值观的混乱,打破了人的安全感与自由之间的原有平衡;被一味强调的自由在解放人的同时,很大程度上取消了传统共同体所带来的彼此信任和安全感。个人自由甚至在相当程度上走向了反面:无节制的自由不仅使个人的生存愈发原子化,而且它完全释放出了人性中的恶——对金钱、权力和荣誉不择手段的疯狂追求——造成弱肉强食的"丛林法则"。从查尔斯·狄更斯到乔治·艾略特,从巴尔扎克到列夫·托尔斯泰,19世纪欧洲的现实主义小说家们,都或多或少地在其作品中鞭笞了这种"自由"名义下的"丛林法则",因为它是一种人与人之间最根本的不自由。马克思称之为"对物的依赖基础上的独立性",区别于原始社会和封建时代"人身依附的必要"。在这个人类社会从封建时代迈入资本主义时代的重大转型期,人们蓦然发现共同体对于彼此间的和谐共存有着重要意义,是对被原子化和物化了的人际关系的一种反拨。于

---

① 共同体理论家罗伯特·雷德菲尔德(Robert Redfield)曾就此问题发表过专著《小共同体》(*The Little Community*)。在书中,他论证了封建社会的传统村庄,是一种在当时的社会条件下天然形成的共同体。它们往往由于地理和交通条件所限,与其他村庄或更大的社会组织隔离开来,具有独立性或者封闭性;其规模较小,同时自给自足。这些正是传统共同体的特性。

是，共同体一词渐渐演变"成为失乐园的代名词"，如果它能够重生，可以提供"一种抵抗混乱和失位的方式"。自19世纪下半叶开始，人们着手寻求在现代社会中重建共同体，在新的时代条件下找回人与人之间的亲密联结和安全感，赋予生活新的意义。

率先着手这项共同体重建工程的是社会学家涂尔干（Emile Durkheim）。他不同意滕尼斯将社会与共同体对立起来的观点，批评滕尼斯"忽视了与现代性一起产生的共同体的种种真实形式"。涂尔干认为现代社会自身就是共同体，因为它已经具备了成为共同体的条件，即在现代社会中出现了一种"有机的团结形式"（organic form of solidarity）。随着现代社会的发展，劳动分工和社会区分愈发深入，人赖以生存的社会结构愈发庞大和复杂，而这些社会结构只有依赖于一种建立在有机分工合作基础之上的团结才能有效运转，而这种有机的团结就是新型共同体的基础。正如杰拉德·德兰蒂指出的，"他（涂尔干）的整个社会学就是试图回答一个问题，即现代社会中存在着什么样的社会整合方式。他所关心的共同体概念是'后传统的共同体'（post-traditional community），也就是在现代条件下特有的团结形式"。

涂尔干在其著作《社会分工论》中提出的理想社会形态是建立在现代劳动分工基础上的，不同的社会生产部门基于自身的功能进行分工合作。这就在劳动生产的层面上，把人与人之间的差异转变为把人们联结在一起的相互依赖关系，并且涂尔干试图以这种劳动分工的相互依赖关系，来建立社会成员之间牢不可破的共同体纽带。这一理论的理想主义色彩在于，涂尔干认为人们在劳动分工合作中，不仅会产生彼此间的相互依赖关系，而且会自然而然地产生共同体必需的内部纽带，即前文所说的共同理解和情感纽带。考虑到19世纪中后期资本主义社会内部阶级对立严重、社会矛盾重重的现实，这种理论无疑成为一种难以实现的、理想主义的、乃至乌托邦式的共同体构想。

及至当今全球化的时代，人类在交往途径越来越便利、拥有越来越多个人自由的同时，却越来越陷入一种原子化的生存方式。传统的人与人之间的亲密、团结与归属关系日益削弱，人们不得不面对越来越多的孤独感、不稳定感和不安全感。而共同体似乎可以为人们提供一个精神上的"家",一个温暖而有归属感的地方,由此,共同体的理念和实践在当代社会中呈现快速增长,诸如"经济共同体""学术共同体""国际共同体"等新概念不断涌现。

德国社会学家勒内·柯尼希(René Konig)认为,当代的共同体实践正倾向于发展为一种"基于地方的全球社团"(a global society on a local basis)。他指出,在新的时代和技术条件下,共同体作为组织形式的很多方面已经不再那么重要,例如其规模大小、有没有明晰的组织结构等,而当代共同体的唯一显著特征就是"对于人们相互之间联系的某种意识",它与一种对归属感的追求紧密联系在一起。柯尼希的这一观点表达了全球化背景下人们对共同体的理想主义愿景,即人类的共同体生活可以摆脱时空的束缚、摆脱对传统组织结构的依赖,成为更偏向于思想、精神和情感层面的人际纽带。

同时,具有共同体向度的哲学和社会学思维方式逐渐发展为一种"共同体主义"(communitarianism),代表人物包括查尔斯·泰勒、迈克尔·桑德尔、迈克尔·沃尔泽等理论家。其观点主要包含三个方面:首先,它反对西方哲学传统中原子主义的自我观,强调自我的情境性;主张个体的身份来自于共同体,是在其中被先天赋予的,而非"我"的后天选择;自我是在与他者的对话和交流中得到界定的。其次是关于个人自由的属性问题。共同体主义反对极端的个人自由观,主张自由存在于一定的协调和控制之中。最后是反对权利优先论,主张权利和个体选择应以普遍的善为前提;应重视国家以及民间社团组织在权利实现中的积极义务;同时主张公民主动参与公共政治生活。

共同体主义以其对人的共同体式的生存假设,形成对当代人原子化生存状态的反拨和挑战。当然,共同体主义假设人的共同体生存环境是先天存在的,这显然具有理想色彩,因为正如我们即将在下文讨论的,在实际生活中,共同体的形成、稳定与解体在很大程度上是一个难以预期的动态过程,将其看做一个稳定的生存环境难免有牵强之处。尽管如此,共同体主义对人的群体属性的理解和强调,不仅能让当代人重新思考自身的生存状态,也在一定程度上反映了共同体主义的理想主义诉求——它试图弥合当代人的自由与其群体性之间不断加深的断裂。

可见,从传统社会直至当代世界,共同体始终以独有的魅力吸引着人们去不懈追求,因为它与精神生活、意义追寻和情感归属有着天然的联系,预想了某种升华了的人际纽带,表达了对美好生活方式的愿景。如果说国家和社会更多地代表现实世界,复杂多变且充满挑战,那么共同体就更多地代表理想世界与完美和谐的精神家园。即使由于种种现实因素的羁绊,实践中的共同体往往难尽人意,但这并不妨碍人们把它作为一点照亮前进方向的星火,去仰视它、向往它、追寻它。

三、文化的视角:科恩的共同体理论

继20世纪60年代西方学术界发生语言学转向之后,80年代中期以来,西方人文科学界又发生了一次大规模的文化转向,文化研究在各个人文学科领域渐成显学。对共同体的研究也随此次转向有了新的发展:由从组织结构角度的理解,发展为从文化认同角度的理解。其中代表性的成果是安东尼·科恩发表于1985年的专著《共同体的符号性构建》(*The Symbolic Construction of Community*)。

科恩大胆扬弃了传统共同体理论的封闭性及其对内部同质性的盲目追求。他认为结构本身并不能为人们创造意义,关键在于成员对共同体所基于其上的象征符号的理解。他把共同体的形成和维持看成一个符号性的构建过程,强调它与外界间的符号差异和符号边界,即共同体形成于对边界的符号性构建。

特定共同体在试图与其他群体进行区分时,一定对其自身产生某些独特的意识,其中最为重要的意识就是如何理解构成其边界的符号。一方面,边界是成员集体构建的与外界差异和界线的符号化;另一方面,边界符号会发展为一套符号体系,成为共同体内部的秩序结构,共同体由此提供"一组符号和意识形态的地图,个人通过它定位自我"。科恩呼吁重视符号及其种种仪式性的使用,因为这标明了共同体与其他团体之间的关系。共同体不仅存在于现实生活、组织机构中,更存在于符号世界和符号秩序中,从而与社会历史文化关联了起来。

这种理论借助符号体系及其文化维度,使共同体成为一个可进行文化阐释的开放系统——因为符号是开放的、要求阐释的文化形式,"符号有效是因为它们并不精确"。随着时代的变化,符号的内涵会改变,其阐释会更新,但符号的外在形式却往往得以保留并具有顺应变化的长久生命力。由此,科恩相信共同体在符号的形式和内涵两个层面,都可以历经时代改变而保持总体稳定。

更重要的是,符号的这种特性意味着共同体成员无需在所有重要问题上达成完全的一致,也就是说,共同体内部的"共同理解"的门槛被降低了,这是具有革命性的创见。

在既有理论中,成员在价值观、生活方式等重大问题上观点的一致性被认为是必要的,共同体被看做是一个"求同"的结果和固有存在,而且其作为整体和组织结构,对个人具有优先性和决定性。例如,滕尼斯强调这种"自然而然形成的"成员间的共同理解是共同体的基础;当代理论家鲍曼也无奈地承认,"'真实存在的共同体'……要求无条件的忠诚……要求严格的服从,以换取它所提供的,或者承诺提供的服务"。因此他悲观地指出,共同体中个人的安全感与自由无法兼顾:"你想要安全感?那么放弃你的自由,或至少其中的一大部分。……'待在共同体内'的特权是用自由的代价买来的……错失共同体意味着错失安全感;获得共同体……将意味着不久失去自由。"这就是鲍曼提出的共同体中自由与安全感的悖论。

科恩的理论很可能为这个悖论提供了一个解决方案。在他看来,共同体是一个文化符号系统[①]、一种文化上的聚合机制

[①] 科恩认为"共同体是符号的重要储藏库,不论是以图腾的形式、足球队的形式或是战争纪念碑的形式。……它们是该共同体区别于其他共同体的符号性标记……共同体本身和其中的一切,不论是概念性的还是物质性的,都有一个符号维度。……共同体符号是思想构建物"。它们给共同体成员提供了创造意义的手段,也是他们表达意义的工具。

(aggregating device),并渗入成员们日常生活与思维方式的方方面面。不同的是,在该理论中,共同体内部的"共同性""同质性"并不一定是铁板一块。共同体成员们聚合在这些共同体的文化符号周围,分享这些符号的外在形式,尽管他们对符号的内在实质和含义可能有不尽相同的理解。基于此,这个文化符号系统构成了此共同体与外部世界的边界。

在科恩看来,"共同体的成功之处,就在于它可以如此地容纳这种多样性,以至于它内部的不一致不会颠覆由其边界所表现出来的明显的一致性"。这个符号系统之所以有效,是因为符号自身是不精确的。经过个人的思维和认知的过滤和处理,符号的意义至少有一部分是主观的、具有个人特性的。这样,符号在共同体这个文化语境中就可能同时具有两种范畴的含义:客观的或成员共同认可的含义,以及主观的或带有个人差异性的含义。这些符号成为一种混合体、一种"共同形式"和一种理想的中介:通过它们,人们可以说一种"共同的"语言、以"共同的"方式合作、参加"共同的"仪式、向"共同的"神祈祷,等等,而不需要统一为或屈从于某种单一的"正统"认知方式。这样,共同体内部的"共同性",就由滕尼斯的"共同理解"转变成为科恩的"共同形式"。

如果单个符号的"共同形式"可以聚合不同人赋予它的、彼此间具有一定差异性的各种含义,那么一个符号系统就可以聚合共同体成员们彼此之间在很大程度上的差异性,并向其提供具有包容性的表达和阐释方式。共同体的符号系统实际上持续不断地把成员间实存的、一定范围内的种种差异转变为一组"共同形式"。这些"共同形式"成为绝对性和相对性、主观性与客观性、同与异的辩证统一,正是通过它们,符号系统才能把共同体的成员们在差异中联系起来,使他们保持从文化符号到意识形态等诸多方面总体上的和相对的一致性。

从个人角度看,科恩认为共同体是一种感觉。尽管人们赋予符号的意义不尽相同,但这并不影响他们同时使用这些符号,而且"他们对这些符号的共同拥有可能是如此根深蒂固,以至于他们或者没有意识到,或者根本不关心自己所赋予它们的意义与同伴们并不相同";抑或尽管他们承认彼此之间有重要的差异,他们仍然认为与外人比起来,彼此之间更加类似。反之,如果共同体成员感到彼此之间的认同少于他们与外人之间的认同,这就意味着共同体边界乃至共同体本身的危机。关键是,"这种相对的相似性与差异性并不是可以进行'客观'评价的:它是一个感觉问题,一个存在于成员们自己内心的问题"。

科恩强调把共同体作为情感和心理归属模式的表达,于是共同体的构建就成了"一种特定的、把社会归属想象和体验为一件交流性和公共性事件的方式"。由此,共同体构建在个人层面具有了流动性和可变性;共同体不再是单纯的、空间上固定的、具有特定行为方式的社会组织形态;其核心要素从时空、传统和经济等具体的社会因素,内转为一种存乎人心的、关于感觉和认同的、具有主客观两重性的社会文化存在物。

科恩把共同体描述成一个围绕文化符号(即共同形式)形成的话语场域、一个在文化上不断循环代谢的过程性存在;其中对符号认知和观念差异的包容以及多种矛盾因素的辩证统一,可以避免共同体内部思想上的僵化并激发成员们的个体活力;成员可以就共同关心的价值观和文化符号内涵等问题不断进行对话、商议和讨论,从而避免共同形式的教条化;共同体成员之间、成员与组织机构之间将能够借此定期地达成鲍曼所说的"滚动契约"。

从外部看,不断会有共同体因为其成员对文化符号理解的重大分歧而陷入危机甚至解体;同时又会有新的共同体因为人们就某一问题达成新的共同形式而生成;随着社会的政治经济文化发展,不断出现的新议题也会使新的文化符号和共同体不断涌现。正如科恩所说:

> 既然边界的对立性是内在的,那么共同体与外部世界之间的几乎任何可以被察觉的差异之处都能被转化为符号,成为其边界的来源。共同体几乎可以把任何东西拿来制造成象征性的文化距离,无论它是政府集中制定的某项政策对其的影响,或者事关方言、衣着、饮酒或是死亡。这种对立的象征性质意味着人

们可以"把自己想得不同"(think themselves into difference)。

根据科恩的理论,共同体有可能成为一个在宏观上和微观上都具有生命力的有机体。它是一个由文化符号系统和个人心理感觉等主客观因素共同构建起来的聚合机制;其成员在共享共同体符号形式的层面上具有共同性,而在保留各自对符号的独特阐释方面,又保存个性和情感因素。符号在这个文化语境中成为一种主客观要素的混合体、一种"共同形式"。以之为中介,可能调和共性与个性、同质性与差异性的矛盾,从而至少部分地解决鲍曼提出的共同体中的自由与安全感的悖论。另一方面,科恩的理论对共同体成员的情感与认同的强调,实际上赋予了个人建构和改变自己共同体认同的可能性,这是我们讨论石黑一雄小说的主人公们通过叙述进行共同体构建的理论基础。

之所以将科恩的理论和石黑一雄的小说相联系,还在于两者具有相似的伦理关注,彼此间存在着深刻的伦理共鸣,并表现出共同的、对他者与差异的尊重和包容。如前文所述,科恩的理论在对共同体象征符号的选取、理解和认同上求同存异,为差异和他者保留了足够的空间和宽容。这里的"他者"是广义的。它不仅可以指后殖民研究中的前殖民地"他者",或者文化研究中某个社会群体和阶层之外的"他者",也可以指共同体内部在某种程度上存在的他者关系。成员相互之间、成员与共同体之间虽然对"共同形式"有着一定程度的认同和共识,但成员作为独立个体的特性和对自由的追求,决定了他们之间在"共同形式"等问题上,仍然不可避免地存在各种差异,并在一定程度上或特定条件下存在互为"他者"的可能。科恩的理论为共同体内部一定程度上的差异和他者留下了容身之地。

实际上,"他者"在我们的生活中无处不在,是人类面对的基本生存状况之一,具有绝对性。后现代哲学家和伦理学家列维纳斯强调,"他者的他异性绝对地、无限地存在于同者的意识之外","他者的陌生性、他之对我以及我的思想和自发性的不可化约性就是伦理学"。鲍曼也指出,我们必须"把他者重新当作邻人来接纳,……将被放逐的他者从利益的荒原中召回;……并重塑他者在道德自我生成过程中的关键角色"。可以说,将尊严和尊重归还给他者是当代很多理论家们最核心的伦理关切。

  这种对他者的伦理关切也是石黑一雄小说的重要特点。他在作品中戏仿和改写了多种传统文类和主题,打破了读者中常见的刻板化的阅读预期。石黑一雄的早期作品受到大量的东方主义式解读,这使他意识到,必须致力于解构英国文学中那些陈腐的所谓"传统"文类和主题,或者利用它们瓦解读者固定的、模式化的阅读预期,以此不动声色地嘲讽和破除刻板的文化成见,发掘多元文化语境给小说创作带来的新的可能性。而且,"石黑占据着一种文化上的中间位置,这使他可以着手讨论和重新书写其文化中占统治地位的诸多神话"。现实的迫切性和行动的可能性相结合,使这种努力贯穿了石黑一雄创作的始终。从萨尔曼·拉什迪到巴里·刘易斯、王景智和沈伟纠等诸多作家和学者都曾指出石黑一雄写作的一个重要特点是"对多种小说类型的精彩颠覆",并认为其作品能够"抓住读者对作品形式、主题和中心事件的预期,重写它们,并给其一个转折"。具体来说,《远山淡影》和《浮世画家》是利用和戏仿了异域小说(exotic fiction)这一文类,并且《远山淡影》也是对西方著名歌剧《蝴蝶夫人》的重写,"为的是扭转和对抗异国情调话语";《长日留痕》重写了英国乡间大宅小说;《上海孤儿》与狄更斯的《远大前程》在人物和情节上具有互文性。它将19世纪英帝国内部的殖民主题延伸到20世纪上半叶英帝国对东方的殖民语境中。王岚教授指出,小说就西方如何正确地认识历史和自身、如何展现东方和前殖民地的他者进行了严肃的讨论,做出了客观公允的呈现,并以自己的方式对"欧洲中心主义"进行了解构。《千万别丢下我》则利用和逆转了读者对科幻小说和乌托邦小说的阅读预期,讨论了更加严肃的关于人的生存状态等方面的问题。

  这种写作方式的伦理内核,在于暗中消解国际读者中可能带有的种种文化成见,呼吁同情和尊重小说中的他者——不论是跨文化的他者,还是某一文化内部的他者。例如,《上海孤儿》客观公正地描绘作为殖民地他者的20世纪30年代中国人的形象;《千万别丢下我》细腻地刻画克隆人与普通人并无二致的人性的方方面面,不动声色地展现他们作为人类器官活供体的悲惨命运。石黑一雄也十分关注共同体成员之间由于种种原因形成的他者关系。例如在《长日留痕》中,女管家肯顿小姐与主人公史蒂文斯构成了一个管家的职业共同体,而且两人在情感上相互吸引,但最终却无奈地成为彼此永远无法真正触及的"他者"。横在他们中间的固然有英国传统的主仆权力结构和他们在诸如"职业精神"等文化符号理解上的巨大差异,但问题的关键在于史蒂文斯对这种差异理解拒不包容,以及漠视肯顿小姐想要建立更紧密情感纽带的诉求。

研究者格罗伊斯和巴里·刘易斯对石黑一雄的他者伦理关切给予了肯定:

> 石黑一雄小说的力量在于其有一种能力,能让我们关心这个世界,关心其他人,也关心我们自己。这些精雕细琢的叙述,邀请我们把时间和情感投入他的小说世界和人物之中。这种伦理上的要求是石黑一雄的鲜明特征。我们不仅仅感受着小说人物的感受,还会想要去代表他们说话,而不论他们看上去与我们有多不相同。

石黑一雄小说对他者的伦理关切还体现在对读者移情效果的追求上。他使用了包括第一人称叙述视角、对叙述对象的第二人称称呼以及不可靠叙述等多种叙述技巧,"来调整我们对人物的情感和心智上的反应,以践行一种移情伦理(an ethics of empathy)"。也就是说,石黑一雄小说追求尽量使读者摆脱自我的狭隘束缚,在保留必要的"戏剧反讽"和批判距离的同时,追求尽量减少读者对人物的距离感和道德优越感。从而让读者进入小说人物的内心视角,进入这些他者的个人世界去体验、去感受、去理解。这样,读者倾向于得出更有时代文化洞察力,更具移情阅读体验,也更富人性同理心的伦理价值判断。

本书接下来对石黑一雄作品的讨论,将以科恩理论的主要观点作为方法指导和理论依据。基于科恩理论的文化特性以及它与石黑一雄小说共同的伦理关注,我们可以通过共同体符号性构建理论的透镜,来重新审视石黑一雄的小说:主人公们有没有通过对某些文化符号的理解和阐释,构建与周围人之间的某种共同体?如果有,小说中的时代文化环境对这种构建发挥了什么样的影响?小说中其他人物对这种构建符号的理解与主人公的阐释有没有差异?如果有,又能否在共同体内部得到包容并引发什么样的结果?

  石黑一雄小说的主人公们与他人、时代和社会之间存在着十分强烈的张力。他们大多是特定时代造就的孤独者或孤儿:《群山淡影》中的悦子移民英国后离群索居在僻静乡村;《上海孤儿》中的班克斯年幼时父母失踪,成为孤儿;《不可安慰的人》中的赖德在不知名的中欧小城满怀雄心要给当地带来最好的音乐文化,最终却孑然一身,一事无成。有的主人公被时代和社会抛弃,在精神上处于十分孤寂而窘迫的境地:《浮世画家》中的小野,由于怀疑女儿相亲不顺的事与自己有关,开始反省二战前后自己的人生与事业轨迹,最后不得不苦涩地承认他曾经投身和追求的激进民族主义宣传绘画及其"能够历久存在的艺术价值",已经随着日本的战败而受到抛弃和谴责;《长日留痕》中的老管家史蒂文斯在前主人达林顿勋爵离世后,被连同大宅一起卖给了一位美国富商。老管家恪守终生的职业行为准则因过于刻板招致新主人的不满,而他职业生涯的价值也因达林顿生前同情纳粹身败名裂而面临危机;《千万别丢下我》则以克隆人凯茜及其同伴们的遭遇,暗喻了无法逃避的死亡和命运的不公等人生困境。

  这些主人公貌似时代和社会的"局外人",实则不然。石黑一雄在 2007 年的一次访谈中指出,他们虽然"在个人层面上是孤立的角色",但他们并不是真正的局外人和孤独者,而是"普通人角色"(everyman character)。以《浮世画家》中的小野为例,石黑一雄认为二战中的他"是那个社会和那代人不可分割的一部分,并且那在某种程度上正是他的悲剧所在:他没有出色到在战争期间可以独立于那一代人和那个时代,他只是被潮流裹挟着向前"。这也是作家所塑造的很多主人公的共同点。在这个意义上,《长日留痕》中的史蒂文斯也不是"局外人"。他的职业价值观和思维方式都体现着英国传统管家阶层的特点:对主人的无条件服从和对个人情感与判断的压抑。石黑一雄认为,在某种程度上,我们每个人都在扮演着"管家"的角色,"在伦理和政治的层面上,我们大部分人都像是管家,不会从我们的环境中抽身出来评价它……我们接受命令,做自己的工作,接受自己在等级结构中的位置,并且希望我们的忠诚得到善用,就如同这个管家"。可以说,史蒂文斯是作家为普通人树立的一面镜子,其管家做派在一定程度上反映着寻常人的生存状态。可以说,石黑一雄的小说人物与其时代和社会存在千丝万缕的联系,莫能置身世外。

更重要的是,这些主人公们通过自己的叙述,与身边关系密切的人构建着某种共同体。例如,石黑一雄在访谈中讨论《千万别丢下我》时,就提到小说中存在某种共同体。他指出小说中的克隆人"属于一个相当奇怪的共同体,……而且他们无法从中抽离出来,这就是为什么他们如此被动地接受自己被告知要做的一切"。当今评论界已经出现了一些从共同体角度对石黑一雄小说的思考和讨论。例如,西恩·马修斯(Sean Uattheus)在评论石黑一雄小说人物与其所处世界的关系时指出:

> 他们作为个人并非是真正意义上的、完整而全面的主体,而只是鬼魅一般的演员和表演者,专注于他们居于其间的环境随机分配给他们的角色……注定要演出他们难以控制的故事,只要我们想想钢琴家赖德和侦探克里斯托弗·班克斯;或者如同管家史蒂文斯和看护员凯茜·H那样,根本就不想要任何控制权。……这一点吓坏了我们,并把世界的一切染上了一种失落感,我们只有通过构建、维护和颂扬微妙的人类间的关系,才能得到一些补偿。象石黑一雄这样高质量的、以人性为本的作家,才能向我们展示如何去做这件事,并在这一行动中返还给我们一定程度的能动性、希望和安慰。

马修斯还认为,石黑一雄2009年发表的短篇小说集《小夜曲》,"不仅仅是一部关于音乐家们的故事集,而更多是通过独有的想象力,对于音乐联结人类能力的思考"。此外,他还顺带提到《长日留痕》和《上海孤儿》中存在着雷蒙德·威廉斯所说的"可认知共同体"(knowable community)。与此呼应地,另一位研究者认为石黑一雄的前三部小说是"对当代社会条件阻碍共同体形成的激烈抗议",并从人物身上看到一种具有乌托邦性质的"对同伴关系和集体性的渴求"。赖恩·特里姆也指出,《长日留痕》中的莫斯库姆村指涉了一个"现代的、政府的和社会的想象的共同体,而英国作为一个福利国家,为共同体理想提供了一个体制化的版本,体现在这个乡野小村之中"。

总体来看,国际评论界对石黑一雄小说中的共同体元素已有一定的重视和讨论,但往往是在探讨其他问题时附带提及,缺少对共同体元素系统、全面和细致的研究,更缺少结合多种批评角度的透视和分析。国内的研究现状也处于基本空白的状态。

根据科恩的理论,个人可以在一定程度上改造和构建共同体。论文由此假设:石黑一雄小说中的主人公们为了满足自己的文化心理和意识形态等方面的需要,在自己的叙述中运用某些象征性文化符号构建了共同体,或者改造了对已有共同体的理解。他们的动机可能是为了寻求安全感和集体认同,也可能是为了逃避无法直面的过去或罪责。但在内部,这种个人构建所依赖的文化符号,往往面对来自其他成员基于不同文化价值观的不同理解和阐释,甚至是质疑。如果构建者对这种差异没有及时的沟通和包容,而是视若无睹甚至强势压制,将会最终影响对共同体符号系统的一致认同,可能导致共同体的崩解。或者,面对变化的时空和社会文化条件,如果主人公一味固守旧时代的共同体理念,那也会陷入无法适应新条件的困境。只有积极地改变和重构共同体,才能获得新的集体认同和安全感。接下来,我们将聚焦于石黑一雄的三部代表性作品《长日留痕》《上海孤儿》和《千万别丢下我》,深入分析其中的共同体元素与关怀,着重展现主人公所构建的共同体在现当代条件下所面临的困境和可能的出路。

第二章 《长日留痕》：帝国意识形态下的共同体困境

如果没有《长日留痕》，很难想象石黑一雄能够达到今天他在英国文坛的地位。如果把作家创作的全部作品比作一顶王冠，那《长日留痕》就是石黑一雄王冠上的宝石。小说不仅获得了1989年的布克奖，更是作家创作生涯的转折点，令作家的创作在一定程度上摆脱了前两部小说《群山淡影》和《浮世画家》的日本题材局限，表明他关心英国乃至人类普遍的生活场景，从而初步奠定了石黑一雄作为国际小说家的地位。当年布克奖评委之一、小说家戴维·普罗富莫认为，"这部作品具有一种伟大的永恒，具有一切严肃小说最合标准的特点"。当年的评委会主席戴维·洛奇（David Lodge）在解释小说获奖原因时，称之为一部"结构精巧、节奏优美的作品"，并且"带着幽默和哀婉地展现了一个让人难忘的人物，同时讨论了宏大而备受争论的阶级、传统和责任等主题"。萨尔曼·拉什迪也对这部小说赞誉有加，认为它敢于提出"什么是'伟大'、什么是'尊严'和什么是'英国性'之类的'大问题'"，而且在讨论这些问题时"带着一种微妙和幽默，但其中坚定的思想（tough mindness）却毫不模糊"。

小说的时代背景具有鲜明的隐喻性。时值1956年7月苏伊士运河危机，英格兰乡间大宅达林顿府的管家史蒂文斯，离开服务二十多年的府邸，开始了多年来首次个人长途旅行。在此之前大宅刚刚换了主人：旧主人达林顿勋爵已经亡故，宅邸被卖给美国富商法拉戴先生。为了节省开支，佣人从鼎盛时期的二十八人减少到四人。显然,达林顿府是二战后英帝国国势衰落的象征。这样的背景设定触动和唤起了英国读者对那个时代的历史感和集体回忆。小说选取了最能体现英国社会文化和民族性格的男管家作为主角,从他的角度透视20世纪上半叶英国社会的政治、文化与思想意识,在象征层面探讨了主与仆、尊严与服从、职业伦理与个人判断等一系列具有普世性的人类生存悖论。

  本章将聚焦于小说主人公史蒂文斯通过回忆叙事所构建的几个层次的共同体,包括管家共同体、主仆共同体和民族性共同体,并分析它们的构建过程及其最终解体的深层原因。史蒂文斯以基于帝国意识形态的"职业精神""尊严"和"道德境界"为象征性的文化符号,在同行、主仆和民族性三个层次构建了共同体。但是,史蒂文斯以个人权威代替共同体成员之间的平等交流和情感维系,抹杀独立的个人道德判断和情感表达,排斥肯顿小姐等其他成员对"职业精神"等符号的不同理解,并罔顾肯顿小姐对更加亲密情感纽带的热切追求。小说揭示了史蒂文斯隐含在职业追求和道德选择中的帝国意识形态对现代人的共同体生活可能带来的危害:它使史蒂文斯丧失了亲情、错过了爱情;它造成的对达林顿的道德盲从不仅使史蒂文斯间接成为法西斯的帮凶,葬送了其一生的职业成就,而且使他成为压迫性社会等级制度的卫道士和陪葬品。通过史蒂文斯的个人悲剧,小说凸显了成员与共同体之间、成员彼此之间缔结某种"滚动契约"的重要性:史蒂文斯式的对压迫性意识形态和古旧刻板"职业精神"观念的固守,及其对共同体成员情感的漠不关心,已经不再适用于当代世界。只有在共同体与个人之间、成员与成员之间实现畅通的意见和情感交流,以定期更新彼此间的精神默契,才能维持共同体鲜活和旺盛的生命力;而个人必须不断检视和更新自身已有的观念体系,才能跟上共同体其他成员的思想脚步,与之保持动态的平衡和良性的互动。

  驾车前往英格兰西南部的史蒂文斯正面临一种身份危机。首先,他面临着已经改变了的全新社会时空的挑战。史蒂文斯离开达林顿府,走出了"原来熟悉的所有边界线",失去了多年来的安全感:"这种惊恐的感觉更为加剧了,那是因为我感到也许我根本没有行驶在正确的道路上,而是飞快地沿着完全错误的方向驶进了荒郊野岭"。此处的"荒郊野岭"(a wilderness)不仅仅是空间上的,也是时间上的、心理上的。二战结束、时代变迁,为其服务三十多年的前主人达林顿勋爵名败身死,因为他在战前同情德国纳粹,并为其在英国的利益服务;这不仅使达林顿蒙受了污名,而且也使史蒂文斯的职业生涯蒙上一层阴影;史蒂文斯年迈体衰,在服务新主人时已感力不从心。物是人非的沧桑、自己从职业声誉高峰的跌落,是对他具有毁灭性威胁的变局。战后新的社会环境和社会思潮的出现,使史蒂文斯虽然在母国旅行,却失去了安全感,仿佛驶进了"荒郊野岭",母国的山水对此时的他变得更加陌生而危险,具有了一种令人恐惧的、"非家的"(unhomely)性质。其次,随着英帝国的衰落和达林顿府的易手,史蒂文斯面临文化身份上的临界和悬置状态。他原本引以为荣的帝国仆人身份面临重构。新主人法拉戴代表的是二战后美国的全球资本和文化软实力的入侵。史蒂文斯被作为达府的附属物转售出去,他与达林顿勋爵之间的传统贵族与管家的人身依附关系,即将为跨国资本契约关系取代,老管家即将不得不服务于一种新的世界秩序。

总之,史蒂文斯处于"过去与现在、国内与国外的夹缝之中",面临着亟待解决的身份危机。为此,在这次旅行中,他试图全面回忆和梳理自己服务达林顿府三十多年的职业生涯,从中总结出多年来一直默默恪守却不曾理性认知或认真反思的职业身份和职业品性,希望可以凭借它们渡过职业转型期并适应新的时空环境,重建自己的职业身份定位。

史蒂文斯似乎意识到,这种寻找和重建不可能由一己之力独自完成,而是要放在一个管家职业乃至社会历史的坐标系中来确定自身的位置和价值。于是,他为自己构建了这样的坐标系。通过回忆叙述,他重建了20世纪二三十年代英国管家行业、乃至整个英国社会的氛围,并围绕"职业精神""道德境界"和"乡村地景"三个文化符号,分别进行了共同体构建。史蒂文斯将自己的职业生涯放到共同体的语境和坐标系中评估,为的是确信无疑地证明自己的能力、品性、位置和身份。

第一节　共同体的构建

科恩的共同体象征性构建理论告诉我们,共同体构建的核心在于它是一种由符号系统、个人理解和个人情感共同作用的聚合机制。要讨论《长日留痕》中叙述者所构建的共同体,首先要确定与其对应的文化符号。

史蒂文斯的叙事核心是回忆自己在两次大战之间为达林顿勋爵及其府邸服务的种种"丰功伟绩"。通过达林顿勋爵这一传统英国贵族绅士的形象,和史蒂文斯这一传统的英国管家形象,小说描绘了一幅"贵族图景"(aristocratic iconography),即史蒂文斯和达林顿共同表征了"一个现已消失了的贵族世界"。可以说,在《长日留痕》中占主导地位的文化符号系统是英国的传统贵族文化以及附属于它的管家阶层文化。

史蒂文斯叙述中的关键词包括"职业精神"(professionalism)、"道德境界"(moral status)、"尊严"(dignity)以及"地景"(landscape)等。它们代表了史蒂文斯一生追求的职业建树、道德追求、个人气质以及帝国意识,是老管家在构建共同体时所依赖的主要象征性文化符号。他围绕"职业精神",构建了管家共同体;围绕"道德境界",构建了主仆共同体;围绕"乡村地景",构建了民族性共同体。这三个共同体处于不同的层面上,但彼此之间有一条红线相连,那就是史蒂文斯身上的帝国意识形态。它体现在史蒂文斯为主人提供的以压抑和牺牲管家个人性为特征的服务上;体现在他对主人外交生涯中道德判断的无条件盲目服从上;也体现在史蒂文斯通过想象性构建,把自己阶层的特质与"英国性"联系起来,从而得到的安全感和优越感上。

一、围绕"职业精神",构建管家共同体

"职业精神"是史蒂文斯自我身份认同的基石,也是他在评价自己与同行的工作时最常出现的评语之一。但他并没有给出"职业精神"的完整的和确切的定义,只是在构建管家共同体的同时,不断对其概念进行构建和填充。

在介绍自己的职业表现时,史蒂文斯自称其品质"是完全可信赖的",并且"思维开阔";认为自己在达林顿府易手的过渡期、府中只剩四名雇员的情况下,能够既尽力保留传统又尽力适应新工作的要求;对下级仆人能够宽以待人,给他们留有足够的容错空间;而自己则"承担了许多公认只有最为宽容大度的男管家才会做的工作"。史蒂文斯对自己的职业品行和工作能力信心十足。虽然语气很有节制,但能感觉到史蒂文斯从一开始就坚信自己是"职业精神"的典范。

在低调地自我彰显的同时,史蒂文斯也勾勒出当年管家阶层鼎盛时期的一个英才辈出的管家群体:其成员都具有高度职业的工作作风和精深的专业知识,并具备很高的道德情操。每次达官贵人们因社交聚会和各种会议聚集在达林顿府时,这个群体也会相应地济济一堂,探讨共同关心的话题,例如关于那些知名主仆的种种传闻、主人们所关心的政治经济重大事件等。他们甚至会共同关注与本行业相关的一些理论性问题,特别是关于管家行业的评价标准等。

在史蒂文斯的回忆中,他们之间不仅分享"职业精神"这个共同的观念和文化符号,而且就其内涵,包括非常细节和技术的层面,也往往能达成一致,比如抛光银器的方法和标准。这种从抽象观念到具体内涵的彼此之间的高度认同,在这个管家群体中形成一种非同寻常的情感纽带和共同理解。它不仅仅是相互尊重的感觉,更是一种"同志情谊"(camaraderie),一种彼此都是"从同一块布料上剪下来"的感觉:

事实上,在那些繁忙的日子里,在我们仆役厅经常聚集着许

多英格兰最棒的同事,我们常围坐在温暖的壁炉旁畅谈至深夜。我可以向你保证,你随便在任何一个夜晚走进我们仆役厅,你肯定不会只听到神侃闲聊,而你更可能听到的是针对住在楼上的那些主人们所心烦意乱的重大事情,或许是针对见诸报端的重要新闻所展开的辩论。当然,正如来自生活各个领域的同行们相聚一块儿时惯常要做的那样,你会发现我们会就我们职业的方方面面展开探讨。有时,这儿很自然地会出现相互争执得面红耳赤的场面,然而更多的时候,这儿却充满了互相尊重、相互体谅的友好气氛。

赖恩·特里姆认为史蒂文斯在小说中"暗指了一个当代职业共同体"。老管家的回忆叙述重点勾勒了与同行间就职业观点和专业信息进行的分享和讨论,强烈暗示彼此间对"管家"的职业身份与内涵理解已达成一致,暗示他们对"职业精神"这个文化符号也达成了共同理解,它成为一种联结彼此共性的纽带、一种"共同形式"。而且,他们对主人关心的或与管家工作相关的大事小情保持着共同的投入和热情,并强调在这一过程中相互间的尊重和彼此间的亲密情感。可见,史蒂文斯成功地构建出一个管家的共同体,它具备了符号、理解和情感三个方面的要素。

史蒂文斯不仅从这个共同体中得到了安全感,每当工作中遇到困难时,他就可以求助于它,而且他认为自己经过多年的职业历练和精神熏陶,完全有资格作为此共同体中更加"伟大"和"权威"的一员。为此,他给这个共同体找到了一个具体机构作为"范本"——由管家业界顶级人士组成的"海斯协会"。

据描述,这个机构作为一个精英团体"公开宣称只接受那些'真正一流的'男管家们入会",会员人数被控制得特别少,任何情况下都不会超过30人,"这样便保证了入会资格的可信度",同时给该组织蒙上了一层神秘色彩。在史蒂文斯看来,它的标准不容置疑,其权威性"如同刻在石碑上一样"。史蒂文斯对"伟大的管家"定义如下:首先,管家必须服务于一个"显赫的家族"(a distinguished household),即那些"真正的绅士和淑女之家"(houses of true gentlemen and ladies)，主要是指世袭贵族阶层，不包括新富阶层；其次，该管家"须具有与其地位相称的尊严"。史蒂文斯虽然对第一条标准存有疑虑（如果按照此标准，史蒂文斯的父亲就因为主人的身份不够显赫而算不上一名伟大管家），但极为认同"尊严"的标准。他认为，与口音、用词和百科知识这些表面能力相比，"尊严"是管家素质的核心，并且认为它可以通过自我训练和经验积累培养出来。

史蒂文斯把自己的父亲描述为海斯协会"伟大管家"标准的典范，以此间接证明自己的"伟大"。他指出，父亲在职业生涯的全盛时期确已享有了"与其地位相称的尊严"，并体现在与父亲相关的三个故事中。第一个故事父亲百说不厌：一名男管家在与主人旅居印度多年期间"仍能贯彻执行他在英格兰时的高标准"。一日，男管家在餐桌下发现一只老虎，不动声色地向主人汇报后用猎枪射杀了老虎并平静地汇报："我很高兴地告诉您，刚才所发生的一切绝不会留下任何可察觉出的痕迹。"故事寄寓了父亲的职业理想：在工作中不论任何时间、地点以及任何突发的、危险的情况下，都要处变不惊，保持工作的高品质。排除任何可能的情绪干扰，才能保持职业尊严。

第二个故事是史蒂文斯从父亲的一位故交那听说的：两名喝得酩酊大醉的宾客提出一连串无理要求。对此，父亲"一如既往地表现出他那完美无缺的礼貌"，直到他们不断含沙射影地攻击主人，"言辞愈来愈低贱和阴险"。父亲忍无可忍，但出于职业尊严，他不允许自己毫无顾忌地宣泄愤怒，而是以十分节制的方式表达出来。请注意下列引文的语言风格：

> The rear door of the car opened and my father was observed to be standing there, a few steps back from the vehicle, gazing steadily into the interior. As Mr. Charles described it, all three passengers seemed to be overcome as one by the realization of what an imposing physical force my father was, my father did not display any obvious anger. He had, it seemed, merely opened the door. And yet there was something so powerfully rebuking, and at the same time so

unassailable about his figure looming over them that Mr. Charles's two drunken companions seemed to cower back like small boys caught by the farmer in the act of stealing apples... My father did not reply, but continued to stand there silently, neither demanding disembarkation nor offering any clue as to his desires or intentions.

  汽车的后门打开了,可以见到我父亲就站在那里,离车两三步远,坚定地注视着车内。正如查尔斯先生所描述的,三位乘客似乎都吃惊不已,仿佛突然意识到我父亲是多么得雄壮威武,我父亲并没有展现分明的怒气。他似乎仅仅是打开了车门。然而,他威压的身形之中却有着强烈的叱责之意,而且同时又是那样的无可辩驳,以至于查尔斯先生那两位醉醺醺的同伴似乎也像偷苹果的小孩被农民抓住了一样,蜷缩在一起……我父亲没有回答,只是一直沉默地站在那里,既没有要求他们下车,也没有透露一丝他的希望和意图。(笔者自译)

  从以上引文中可以看出,史蒂文斯刻意使用非常正式的,甚至显得有些虚夸的词汇[如 rebuking(叱责)、unassailable(无可辩驳)]和句式[如 was observed to be standing there(可以见到我父亲就站在那里)、be overcome as one by the realization of...(吃惊不已,仿佛意识到……)],并且此处描写采用了当时汽车里醉酒宾客从下往上的仰视角。通过这些手法,父亲的形象被刻画得高大、庄严而神圣,整个故事由此生出几分神话的光晕。

  在第三个故事中,父亲为了服务主人的宾客而搁置个人情感和个人感受,面对造成自己大儿子(即史蒂文斯的兄长伦纳德)无辜战死的失职将军,不仅在主人征求自己意见时请求为其服务,更强忍厌恶做了将军四天的贴身仆人,并保持了一贯的高超职业水准。

  这三个故事从不同的叙述角度分别阐释了父亲的职业理想、职业操守以及在工作与个人感情方面的取舍。通过这些故事,史蒂文斯不仅把父亲塑造成了职业精神的典范,而且似乎在暗示"有其父必有其子"。也许在他看来,虽然父亲服务的主人并不算"显赫",但父亲通过自己高超的职业能力和操守,最终成为管家行当里的"显赫人物"。由此,史蒂文斯意在为自己的"职业精神"阐释确立家族血统上与历史传承上的合法性,证明自己作为管家的"伟大"和"权威"。

史蒂文斯认为"职业精神"的核心是"尊严",其至关重要之处在于管家必须"有能力不背离他投入其中的职业性存在"(ability not to abandon their professional being he inhabits)。伟大的管家之所以伟大,"是因为他们具有投入所担任的职业角色的才华,而且是最大限度上的投入……他们显现出的职业风范宛若体面的绅士穿上考究的套装;他是绝不允许任何恶棍或是任何情况下在大庭广众面前将其衣服撕破的"。这意味着管家绝不能为任何外部事件动摇,不论该事件是多么的让人兴奋、使人惊讶、令人烦恼和叫人愤怒;这也意味着他不能为自己内心的情感所动摇,且必须随时随地保持这种尊严的外表。在史蒂文斯父亲的三个故事中,管家为了职业尊严必须压制和克服面对老虎时内心的恐惧、面对侮辱时的愤怒,以及为害死儿子的人服务的屈辱。"当,并且只有当他愿意的时候,他才会放下职业作风,并且这总是发生在当他完全独处的时候。"

这种要求发展到极端就是工作对人的全面占有,就是要求管家在工作中把个人情感、内心声音与道德判断等人性的因素排除出去。1923年,达林顿勋爵在府中举办了一次非正式国际会议,以寻求帮助战败的德国减轻一战赔款的负担。其间,史蒂文斯为了工作抛下临终的父亲,甚至把前来敛尸的医生让给与会的法国代表杜邦先生;1932年,为了配合勋爵的反犹主义倾向,他在自己并不认同的情况下执行了主人解雇府中两名犹太女佣的命令;1937年,为了服务于勋爵与纳粹德国大使的会议,他听任多年以来自己对其存有情愫的肯顿小姐接受别人的求婚。这种种看似"崇高"的个人牺牲最终换来的,却是史蒂文斯在职业上和个人感情上的双重悲剧。

总之,一方面,史蒂文斯独占对"职业精神"这个共同体构建符号的理解和阐释,通过回忆和故事构建出"职业精神"的内涵。而且他只接受与自己相同或类似的对于"职业精神"的理解,并以此判断周围的人。另一方面,管家工作也在很大程度上占据了他的个人生活和个人情感。这使得史蒂文斯和他的职业形成了一种彼此的、双向的完全占有。"职业精神"侵占了他的个人空间,损害着他的正常人性,而他却浑然不觉,反以之为荣。例如,史蒂文斯职业生涯中的三次重大事件,其中都隐含着与自己父亲三个故事的对应关系。这很可能并非巧合,而是史蒂文斯在为他"职业精神"上的"权威"构建家族与历史的传承性与合法性:

> 我的确配得上与我们这一代中的那些"杰出的"男管家们齐名,比如马歇尔先生或是莱恩先生……请允许我表明,当我今天谈及1923年的那次会议,特别是那个夜晚在我事业发展的过程中坚实地构筑了一个转折点时,很大程度上我是依据自己那相当卑微的标准来判断的。……我在面对任何情况时也许至少在某种程度上显示出了那种"杰出的"品质,而这种品质唯有类似马歇尔先生——或许也可以包括我父亲那样的人——才配具有……在今天无论何时回忆起那个夜晚,我都会油然产生极大的胜利感。

通过这些"转折点"和"胜利感",史蒂文斯确认了他与父亲的承继关系,证明自己是管家群体中的杰出代表。而且,史蒂文斯对感情的压抑已经达到可以抹杀个人道德判断甚至亲情和爱情的极限。因为没有人可以牺牲得更多,他相信自己拥有足够的权威,可以把自己对"职业精神"的理解,作为共同体成员应该遵循的行为规范。然而,史蒂文斯的"职业精神"违背了基本的人性,并且他在对这个文化符号的阐释方面独断专行,这为共同体内部(如他与肯顿小姐之间)的矛盾冲突埋下了隐患。

二、围绕"道德境界",构建主仆共同体

史蒂文斯经常列举新一代管家中的代表人物:马歇尔先生和莱恩先生以及他们服务过的张伯伦勋爵(Lord Camberley)和伦纳德·格雷爵士(Sir Leonard Gray)。虽然这些主人并不一定出自王

公贵族等"显赫家族",如伦纳德·格雷只有爵士头衔,甚至不能进入世袭贵族的等级体制之内,但在史蒂文斯看来,他们却可以因其"道德境界"的高尚而"显赫"。他们的管家们有着与主人同样的道德追求,"希望去为创建一个更为美好的世界贡献自己的绵薄之力"。"伟大"的管家们与"显赫"的绅士们紧密联系在一起:主人们的"道德境界"带来管家们的个人威信;主人的个人功绩决定管家的职业成就。管家们与主人们成为一荣俱荣、一损俱损的主仆共同体。

史蒂文斯在自己和达林顿勋爵之间,也依照以上方式想象和构建了共同体。达林顿在小说里是个"父亲式的角色",是史蒂文斯的精神父亲。史蒂文斯承认自己"深切地关心"达林顿,把他当做"另一个父亲";他"试图把达林顿描述为一个父亲的角色,……而把如同他自己那样卑微的人描述为像孩子一样,带着孝顺的奉献精神为这样伟大的绅士服务"。反过来,对于达林顿的私人外交事业来说,史蒂文斯的重要性也超越了一般管家的范围。国际关系理论学者指出:外交活动要获得成功,依靠的不仅仅是正式的官方会议,还往往倚重私人聚会和社交活动。这些活动传统上是由外交官夫人们主持的,活动的成功与否取决于她们是否有能力"提供有利于建设性互动的良好氛围"。也就是说,外交官们的成功与其夫人们的努力是密不可分的。

小说中达林顿勋爵始终单身,外交官夫人的辅助性角色在一定程度上是由史蒂文斯担当的。例如,他相信自己抛光的银器可以改善宾客们的心情,"那些银器的光亮程度曾对缓解那晚哈利法克斯勋爵与里宾特洛甫先生之间的关系起到过虽微不足道、可意义却重大的作用"。当即将接受他人求婚的肯顿小姐问史蒂文斯一生中还有什么追求时,她在某种程度上是在做最后的努力,想让史蒂文斯在自己和工作之间做出抉择,而他坦陈自己一生只想伴随在达林顿身边,从而放弃了肯顿小姐。为了证明主人关于民众对国际事务一无所知的观点,史蒂文斯可以毫无怨言地接受当众羞辱,面对与会宾客接二连三明显具有刁难性质的提问,坦然地一问三不知,而全然罔顾自己之前一再强调的职业"尊严"。可见,他对主人的忠诚程度和对其外交活动的辅助作用,在某些方面甚至超出了真正的外交官夫人。

史蒂文斯甘当达林顿勋爵的"影子",全方位地模仿主人的言行风格。首先,他几乎所有的衣服都来自主人及其宾客,"我已拥有许多华丽的套装,有些是在过去的岁月里达林顿勋爵自己穿过后好心送给我的,有些是那些形形色色的客人送的"。其次,旅行期间他不止一次被误认为一名绅士,因为他不仅继承了主人的衣装,也模仿其说话用词和言谈举止,而且还固守着达林顿留给他的"英国绅士的意识形态遗产"。例如,在莫斯库姆村,史蒂文斯听任村民把自己误认为"一名真正的绅士",暗示自己认识丘吉尔和哈利法克斯等政界要人,并声称自己在二战前以"非官方"的方式对国际外交政策施加了重要影响。老管家此处实际上是在以主人生前的成就抬高自己。在与关心政治的村民哈里·史密斯讨论尊严问题时,史蒂文斯也采用了贵族阶级的视角,认为尊严是绅士特有的品质,而闭口不提自己以职业精神定义的管家尊严,以免暴露自己的真实身份。这里史蒂文斯不仅在表面上,而且在思想上也套上了贵族绅士的外衣。回到自己房间后,史蒂文斯继续对史密斯的民主尊严观发难,指责他过于"理想主义"。他认为史密斯所代表的普通人,会因专业知识的不足而缺乏足够的眼光,难以在重大国际事务上给出深刻的见解、做出明智的判断——这一观点正是前主人达林顿的。可以说,史蒂文斯"借用了绅士的身份和意识形态,并把它们呈现为自己的"。这种对前主人从衣着外表、言谈举止到意识形态的全方位模仿,使史蒂文斯成为达林顿的影子,身上隐藏着前主人幽灵;老管家的旅行在某种程度上是对逝去的达林顿乃至整个贵族阶层的招魂仪式。面对已经改变了的时代和社会下层民众,这或许能给史蒂文斯保留些许的安全感和优越感。

史蒂文斯围绕着"道德境界"(moral status)这一概念构建与达林顿的主仆共同体。根据海斯协会的标准,一个管家要成为"伟大",必须要在一个"显赫的家族"服务。史蒂文斯却认为传统意义上对"显赫家族"的定义已经变得陈腐,需要重新定义,即以对民族、国家乃至人类的贡献大小来定义。他声称自己这一代管家有浓厚的理想主义:

> 我们的前辈也许曾关心某一雇主是否封有爵位，或者是否出生于某一"历史悠久的"家族，而我们倾向于更为关注雇主的道德境界。……我们满怀雄心地希望去为那一类可以说是促进人类进步的绅士们服务，……对于我们这代人来说，我想这么说是公平的，职业上的威信最重要的是来自于雇主的道德价值（moral worth）。

此处，对人类的贡献被与"道德境界"联系在一起，但这存在着逻辑断层："道德境界"与对人类的贡献可以等同吗？动机的崇高一定会带来结果的高尚吗？人类历史一再证明善意的动机并不是良好结果的充分条件，正如德国诗人荷尔德林所说："总是使一个国家变成人间地狱的东西，恰恰是人们试图将其变成天堂。"达林顿勋爵怀着缓解一战后德国人民痛苦的高尚理想从事国际外交，谋求放宽《巴黎和约》对德国的制裁。勋爵的良好情感动机却被希特勒政权利用，成为二战前纳粹德国在英国的代办和帮凶。

史蒂文斯提出"道德境界"的标准，很可能是因为达林顿勋爵并没有很高的贵族头衔。英国的世袭贵族制度分为五个等级：公爵（Duke）、侯爵（Marquis）、伯爵（Earl）、子爵（Viscount）和男爵（Baron）。除了公爵，所有男性贵族在一般场合都可以称为"勋爵"（Lord）。史蒂文斯自始至终没有提到达林顿的具体爵位，很可能是因为其贵族等级并不高，这就与海斯协会对"显赫家族"的定义不符。而史蒂文斯要想确立自己的"伟大"，就必须另辟蹊径。

在老一代管家看来，这个世界好似一架"梯子"：

> 我父亲那个年代的男管家们都倾向于把世界看做一架梯子——皇室家族的门庭、出身于历史最悠久家族的公爵和勋爵置于最上层，"新近的暴发户"次之，渐次向下排列直至到达一特定的点，低于此点的等级便简单地由财富的拥有量来定夺——或是说由财富的缺乏度来衡量。

这也是海斯协会所说的"显赫家族"的含义：按照贵族封爵的等

级排序。这对极其渴望成为一名伟大管家的史蒂文斯非常不利。他以"新一代管家"自居,指责老一代的评价标准是"陈腐理解"和"势利行为",同时构建新一代管家共同体的(而不仅是他个人的)评判标准,为自己权威性的职业地位正名。他认为新一代管家把世界看作一个"轮子",其轴心是那些"伟大门第"(great houses):他们是世界政治与未来的中心;他们"那伟大的决策辐射着其他所有的一切人,富人也罢、穷人也罢,都得围绕他们"。"伟大门第"的主人不一定是王公贵族,却可以因为自身的影响力或"道德境界",成为"伟大的绅士"。这样的"伟大门第"是新一代管家们(以马歇尔先生和莱恩先生为代表)梦寐以求的。他们为具有崇高"道德境界"的主人们服务,为共同的道德目标奋斗,他们的职业生涯也会因为主人们的"伟大"而"伟大"。

似乎是为了印证这一点,史蒂文斯声称自己在职业威信上的巅峰期与达林顿在外交政策影响力上的巅峰期是同步的。例如,史蒂文斯标榜自己擦亮银器的水平引领了那一代管家;此时的达林顿也达到其外交生涯的顶峰,促成了外交大臣哈利法克斯勋爵(Lord Halifax)与德国驻英大使里宾特洛甫(Herr Ribbentrop)在府邸的私人会谈。

既然两人的职业生涯如此紧密地联系在一起,史蒂文斯自然要全力维护达林顿的声誉。即使在公共历史中主人已经身败名裂,在个人回忆中,老管家还是竭力为二战前达林顿与纳粹的交往辩护。他认为里宾特洛甫当年具有独特的个人魅力,很多社会名流都与其有交往,而且当年应其邀约去德国参加纳粹纽伦堡大会(Nuremberg Rally)的也不止达林顿一人。史蒂文斯还否认达林顿与当时英国的反犹组织或其他法西斯组织有来往。对于黑衫党(Blackshirts Organization)头目奥斯瓦尔德·莫斯利爵士(Sir Oswald Mosley)的数次来访,史蒂文斯认为不足为道:"我可以保证,那至多不超过三次,而且那几次访问全都发生在该组织的早期阶段,那时该组织还尚未背离其原本的宗旨。一旦'黑衫党'运动的丑陋嘴脸大白于天下……达林顿勋爵便再也不和这类人往来了。"

史蒂文斯确信自己的职业威望和达林顿的外交影响力在那个时

期同时达到顶峰,认为自己通过主人间接地为人类进步做出了贡献。按照这个逻辑,小说中史蒂文斯先后两次否认曾经为达林顿工作①,这不但不是主仆关系疏离的表现,反而是老管家在努力维护前主人在自己回忆中的形象,因为承认他们的主仆关系很可能会引发更多对达林顿功罪的追问、讨论甚至争论。史蒂文斯竭力将主人与不利的公共历史和公众舆论隔离开,这逆向地说明了史蒂文斯是多么的珍视这个主仆共同体。

然而可悲的是,这个基于主人的"道德境界"构建起来的共同体在给予史蒂文斯成就感和满足感的同时,却使他放弃了自己道德伦理层面的主体性,放弃了自己的道德判断,而将它们完全交托给达林顿。这导致史蒂文斯对自己的道德判断力乃至理解能力都缺乏信心。1923年,勋爵在宅邸中举行了一次非正式国际会议,谋求缓解对德国的战败制裁。旁听的史蒂文斯悲观地认为自己"无法理解"与会者的发言,他为整个人类做贡献的道德情感被他自认缺乏专业知识的自卑感架空,而选择把道德判断完全托付于达林顿所代表的贵族阶层,绝对服从主人的一切指令和安排。这种道德依附束缚了史蒂文斯自身的道德判断和行动能力,损害了他的道德主体性——虽然他并不缺乏本能的道德情感。达林顿在二战前为讨好纳粹政权,欲辞去家中的两名犹太女佣露丝和莎拉。对此,肯顿小姐以辞职相威胁激烈反对,而史蒂文斯则执意服从主人的决定。一年之后,他才向肯顿小姐说明自己当时内心的道德本能并不认同达林顿的决定,坦陈"整个事件曾引起我极大的忧虑,确实是极大的忧虑。这是我很不情愿看见在本府内发生的那类事情"。

与他独占"职业精神"的阐释构成鲜明对照,史蒂文斯在主仆共同体中走向另一极端,完全放弃了自己的道德主体性和行动能力。他没能意识到共同体的基础应该是共同的目标和价值观,以及在此

---

① 第一次是史蒂文斯在多赛特郡迷路,幸亏一位中年男仆帮助,后者打听他是不是曾为达林顿勋爵服务过,史蒂文斯予以否认;第二次是新主人法拉戴邀请好友韦克菲尔德夫妇来府邸游玩时,夫妇问史蒂文斯有关达林顿勋爵的情况时,他也否认为其服务过。

之上的共同行动和实现目标的能力。史蒂文斯的这种盲从,导致日后在主人的外交努力走入歧途时,他未能及时挺身而出,提醒和纠正主人的错误,从而间接造成了达林顿的身败名裂。

三、围绕"地景"概念,构建民族性共同体

史蒂文斯对民族性共同体的构建受限于其狭隘的社会阶层观念。在他看来,世界的中心由两种人构成:"伟大门第"的主人们和为其服务的管家们。而社会下层民众在史蒂文斯看来语言粗俗、举止粗鲁、缺乏尊严且无足轻重。

史蒂文斯对下层人虽然保持礼貌和风度,内心却是看不起的。例如,对于社会地位、职业地位低于自己的同行,老管家会在言谈中不自觉地流露出高傲。在多赛特,他的福特车水箱烧干,多亏一位男仆出手相助。虽然史蒂文斯表现得彬彬有礼、十分感激,但叙述中暗含着一高一低的对比,流露出他情不自禁的优越感。从对方的言谈举止中,史蒂文斯已经猜测到他是"集管家、男仆、司机和普通清洁工为一身"的低级别仆人,而自己是对方口中的"那些顶尖的男管家之一","谈吐几乎就像一位绅士"。老管家通过引用男仆的言谈,不动声色地展现其中不规范且有欠文雅的句式和用词:

> Now I got it. Couldn't make you out for a while, see, 'cause you talk almost like a gentleman. …I thought at first, here's a reallyposh geezer. And so you are, guv. Really posh, I mean. I never learnt any of that myself, you see. I'm just a plain old batman gone civvy. … Darlington Hall. Must be a really posh place, it rings a bell even to an idiot like yours truly.
>
> 现在我明白了。刚才有一会还弄不清你的身份,瞧,因为你说话几乎就像个绅士。……刚开始我想,来了位时髦的老伙计。

而且你果真如此,伙计。我的意思是真的很时髦。你瞧,我从来都不懂时髦。我只是个普普通通的老勤务兵。……达林顿府。一定是个真正漂亮的地方,哪怕像我这样的傻瓜也会对它心怀向往。(笔者自译)

以上引文在句式层面大多是非正式和口语化的,例如"Couldn't make you out for a while, see, 'cause…"(刚才有一会还弄不清你的身份,瞧,因为……)、"I'm just a plain old batman gone civvy"(我只是个普普通通的老勤务兵)、"it rings a bell even to an idiot like yours truly"(哪怕像我这样的傻瓜也会对它心怀向往)。在词汇层面,多处用词和短语在语体色彩上属于口语体或俚语体,如"posh"(漂亮的、时髦的,口语体)、"geezer"(怪人,古怪老头,俚语体)、"guv"(伙计,口语体)、"civvy"(平民的,俚语体)、"ring a bell"(引起兴趣,口语体)。这些语言层面的非正式和随意性在下层社会中司空见惯,但对于史蒂文斯这样时刻注意自己言行举止的贵族宅邸大管家而言,这是要尽力避免的,因为它们显得太不"职业"、太不正式、太不登大雅之堂。通过这些隐藏的对比,两人孰高孰低、孰尊孰卑不言而喻。史蒂文斯对下层民众的藐视是发自骨子里的,在他构建的民族性共同体中也就没有他们的位置。从上面的例子可以看出,他眼中的英国底层民众淳朴善良、乐观温顺,但也仅限于此。在国内外重大事务上,他们属于缺乏能力、眼光和专业知识的"沉默的大多数"。按照这个逻辑,史蒂文斯在构建民族性共同体时,选择了英国的乡村"地景"这个文化符号。

在文化地形学中,"地景"概念所包含的内容远远超出了客观的景物和景色,而更多地指涉社会或个人对这些客观存在所进行的文化上或心理上的构建。美籍华裔文化学者段义孚指出,地景(landscape)和地点(place)"比位置(location)这个词所包含的意义更加丰富:它是一个独特的实体,一个'特别的整体'(special ensemble),它有历史和意义。地点使人们的经验和抱负具体化。它……是一个应该从赋予地点以意义的人的角度来加以理解和澄清的现实"。

近年来,学者们开始从其客观物质形态、社会历史文化和个人意识之间的关系与张力等多维视角来阐释"地景"①。鲍尔德温等人认为,创作地景文本"意味着考虑一个地区及那个地区所呈现的外观是如何被赋予意义的"。我国有研究者指出:

> 在文化研究中,所谓地景是指地面景观与历史文化二位一体的形态,其被文字化形成一整套关于物质景观与文化境遇耦合的空间话语范畴。当一个空间的物质形态被话语描述于文本之中时,经过了一个意识形态的"翻译"过程。一方面这个文本内的空间范畴承载了具体物质空间的历史文化内涵;另一方面也具有"翻译者"本人对于这个景观的精神反思与再创作,具有"翻译者"主体性的意识形态投射。

对观看者来说,"地景"不仅仅是客观存在物,它既可以是相对客观的文化符号,也可以是相对主观的意识形态再创造。因此,文化学者阿兰德·普雷德将其看作"文化斗争的积极武器"。史蒂文斯从自己的意识形态立场出发,阐释旅行中所见的英国乡村地景,用它构建和指代以管家职业特质为代表的英国民族性。他的叙述刻意选取了英国乡村地景的部分特征,并暗中将管家阶层的职业特性等同于英国民族性。

> 那数英里范围内最让人心旷神怡的乡村景色。

---

① 笔者认为选择将"landscape"翻译为更具历史文化内涵、更具包容性、也更加中性的"地景"一词。这符合我们对学术研究的科学性要求,也与当代文化研究中该词的翻译方式保持一致。而通常所用的"风景"概念偏重于审美范畴,且一般情况下带有褒义,用于此处的文化和意识形态探讨并不适宜。当然,文化研究中也常将该词翻译为"景观"。这种翻译方式更为强调其人为构建性,多用以指涉城市中的人工构建景物或者呈现在摄影、绘画等艺术形式中的地面景物。小说中史蒂文斯出游经过的英国乡村,是人工构建(如农田与牧场)与自然景物(如树林和池塘)的混合,"景观"概念难以涵盖其中自然景物的一面,所以笔者最终选择了"地景"。

第二章 《长日留痕》：帝国意识形态下的共同体困境

> 映入我眼帘的主要是鳞次栉比的牧场,绵延不断到天际。整个原野起伏平缓,被灌木树篱和一排排的树木分割成一块一块的牧场。在远方几块牧场上隐约出现一些小点;我猜想那可能是绵羊。在我的右方,几乎在地平线上,我能看见一座教堂那矩形的塔身。
>
> ……
>
> 正是从观看风景的那时起,我才相信我第一次开始具有了愉快的心境,这将有利于我以后的旅行。

他旅行中所见的乡村地景是宁静、顺从而有条理的。这让史蒂文斯之前因离开熟悉的府邸而慌乱的心情平静下来。这幅图景实际上隐含着人的因素,史蒂文斯将其阐释为他所熟悉的文化象征:秩序和服务。在农户的细心照料之下,英格兰的土地如达林顿府一样井井有条;若隐若现的绵羊安静而温顺;教堂给小村的居民心灵的抚慰和平静;而象征自然的未知和不确定性的原野则起伏平缓,对已有的文明秩序不构成威胁。并且,"正是因为缺乏一目了然的刺激或者奇观,才使我们国土美丽得超凡脱俗。也正是那种静穆的美丽,以及它显示出的那种'克制的感觉'①才是最贴切的。这片土地似乎了解自身的美丽所在,亦知道自身的伟大绝伦,它才感到无需去招摇煊赫"。

此处,"缺乏一目了然的刺激或者奇观""克制的感觉""无需去招摇煊赫"等这些英国景色的静穆之美,在史蒂文斯看来,也是英国民族性的基本特征和与其他民族的文化边界。同时,老管家眼中的管家和仆人职业特质,与英国乡村地景特征具有某种微妙的、本质上的相通,即克制和不彰显,因为他们在服务主人时从不刻意彰显自己的存在,尽量"站在阴影处",并为了保持职业做派而克制个人情感。

这并非巧合。史蒂文斯的叙述利用历史文化潜文本,通过地景指涉英国民族性,暗中将管家阶层的职业特性注入其中,并借助两次

---

① 此处的英文原文为"sense of restain",冒国安翻译为"严谨的感觉",笔者认为根据"restrain"词义以及前后文逻辑翻译为"克制的感觉"更为准确与合适,因此在引用时做了修改。

大战之间在英国颇有影响的"地景政治"风潮,将两者等同并缝合。史蒂文斯对乡村地景的观察是有意从英国民族性的角度出发的。他的描写常常借助风景画、明信片和导游册上的图片,以"唤起具有英格兰地景精髓的原型意象(the archetypal image)"。这些意象在英国人——不论是普通人还是名人政要——的民族意识中都根深蒂固。英国首相鲍德温(Stanley Baldwin)在1924年的一次演讲中道出了这种原型性意象的本质:

> 对于我,英格兰就是田园乡村,田园乡村也就是英格兰……英格兰的种种声音,乡村铁匠铺里榔头敲击在铁砧上的当当声、挂满露珠的清晨里秧鸡的鸣叫声、镰刀在磨刀石上的霍霍声以及一队犁田的农人爬过坡顶的景象……这种景象自从有了英格兰就一直可以看到,也许在帝国消失、工厂停工很久以后仍能见到,数世纪以来那种永久的英格兰的景象。

根据文化学者罗文塔尔和普林斯的研究,相比于壮观的自然景色,英国人更喜欢具有人文色彩的乡村景色。两位研究者总结了这种传统:"被绝大多数人所深爱的乡村是驯服和克制的(inhibited),是温暖、舒适而充满人性的(humanized)。"可以说,英国乡村地景,从农田、牧场、树篱到建有教堂的村庄、小木屋和乡间小道,等等,不仅重在自然景色,更凸显文明和秩序。

两次大战之间,英国国内存在着一种强烈的地景政治意识。在其文章《两次大战间的"康斯特布尔的乡村"》("Constable Country" between the Wars)中,波茨解析了两次大战间英国将乡村图景运用于文化政治和激发"英国本土沙文主义"(England jingoism)的倾向。他发现,"当外部世界显得格外具有威胁性时,即在两次世界大战之间和在20世纪30年代法西斯主义上台之际,这样的图景被用以颂扬英国的精髓——经久不衰,安全可靠而又如此美丽的一个家园,一个避难所,同时也是英国的荣光"。乡村田园地景在这个风云诡谲的年代被投射为英格兰民族的理想形象,承载起20世纪30年代英国人对国家和民族性的想象和意识形态,即首相鲍德温在上段引文中那句著名的"英格兰就是田园乡村,田园乡村也就是英格兰"。

可见,此处史蒂文斯通过自己对英格兰西南部乡村景色带有选择性的描写,把管家阶层的职业特质暗中注入了英格兰地景之中,并利用当时风行的"地景政治"和"田园乡村就是英格兰"的文化语境,将管家职业特质与英国民族性沟通和缝合起来:

> 常听人说,在英格兰才真正有男管家(butler)。而在其他国家,无论实际上使用什么样的称谓,也仅有男仆(manservant)。我个人倾向于相信这种说法是真实的。欧洲大陆人是不可能成为男管家的,理由是,他们属于那类无法节制情感的种族,而节制情感恰好是英国人的独到之处。欧洲大陆人——以及多数的凯尔特人,对此你无疑会赞同——处于异常激动的时刻通常是无法控制他们自己的,据此,除了面对最不具有挑战性的场合外,他们是无法维护职业做派①的。……在这方面,我们英国人远远地胜过外国人,而且也正是出于这一原因,如果你要想象杰出的男管家是何许人,几乎可以准确地这么说,他必定是位英国人。

在以上引文中,管家职业特质与英国民族性的等同已经上升到了意识形态层面,其中包含明显的"意识形态召唤"(ideological interpellation)。文化理论家斯拉沃热·齐泽克指出,"意识形态召唤的过程必然意味着某种短路"。所谓"短路",即通过一个逻辑上的颠倒,用意识形态自身证明其召唤的合法性。这种颠倒在意识形态的缝合点上(此处是"英国人"这个概念)制造出一种不可知性,齐泽克称之为"剩余"(residue)。他以"排犹主义"为例:

> 颠倒制造剩余,其逻辑在排犹主义那里可以看得很清楚。

---

① 此处的英文原文为"professional demeanour",冒国安翻译为"职业道德"。笔者认为根据"demeanour"词义以及前后文逻辑翻译为"职业做派"更为准确与合适,因此在引用时做了修改。

首先,"犹太人"显现为一个能指,意谓一串想必"有效的"特性(诡计多端、贪得无厌等),但这还不是排犹主义所特有的。为了达到目的,我们必须颠倒(invert)那个关系,并且说:他们之所以是那个样子(诡秘,贪婪),是因为他们是犹太人。这一倒置猛一看似乎是纯粹的同义反复……因为"犹太的"恰恰意味着贪婪、诡秘、肮脏……但这个重言句的外表是虚假的:"因为他们是犹太人"中"犹太人"并不暗示一系列的有效特征,它再次指涉那个难以企及的未知数,指涉"在犹太人中而非犹太人"的事物,指涉纳粹主义拼命地要把握、控制、转化的一个实证特征。

排犹主义通过一个逻辑颠倒,给"犹太人"这个能指制造的"剩余"是对其所谓的负面特质(诡计多端、贪得无厌等)的不可知与神秘化:永远不可能知道在其"诡秘、贪婪"背后隐藏的本质是什么,对犹太人的恐惧和憎恨永远无法得到有效的说明、排解和消除。排犹主义以此维持与再生产这种恐惧和憎恨,把犹太人置于万劫不复的境地。

由此观之,史蒂文斯在以上小说引文中的意识形态颠倒是"我们之所以能成为管家,是因为我们是英国人",即"英国人"除了贵族阶层的"伟大的绅士们和女士们",都是潜在的管家,区别仅仅在于有没有机会真正成为管家。由此产生的意识形态"剩余",是那种不可知的、带有神秘色彩的民族特质——英国人的管家潜质是由其神秘特质决定的,比如引文中的"节制情感"和"职业风度"。而这些神秘特质就是史蒂文斯所想象和认定的英国乡村地景与英国民族性的文化内涵。这样,通过一个意识形态的逻辑颠倒,管家的特质被更加不可动摇地注入英国民族性这个能指之中。通过叙述者的历史文化内涵阐释和意识形态操作,一个阐释链被构建出来:英国地景——英国管家——英国人——英国民族性。由此,英国普通民众的民族性被捆绑在管家阶层的职业特质之上。

既然英国普通民众在意识形态层面被缝合为管家阶层的同质物和附属品,主人们和管家们就可以通过远距离的、自上而下的凝视和俯视占有他们。小说中简·西蒙斯夫人的《英格兰奇观》丛书在一定程度上就是对这些地景的系统化编辑加工和无害化处理,以便于贵族阶层在想象和意识形态层面的占有。这是一套写于 20 世纪 30 年代的长达七卷的丛书,显然不是为了收入有限的普通民众写的。"每一卷都详尽地描绘了不列颠诸岛的一个区域",不仅详尽描绘该地区风情、配有大量照片,"还有画家们描绘该地区景观的各种各样的素描"。这些地景在照片和素描中被成功地固化成一幅幅定格的"原型意象"式的图片和文化符号,生产成供贵族阶层、社会上层消费和占有的商品。史蒂文斯正是通过这本书中的描述,想象肯顿小姐离开后在康沃尔郡的生活:

> 事实上,我记得是在肯顿小姐于 1936 年离开此地迁往康沃尔郡之后不久,因为我自己从未去过那地方,我就经常翻阅西蒙斯夫人这套著作的第三卷。该卷向读者详尽描绘了德文和康沃尔两郡那怡人的风情,并配有大量照片——更让我心醉神迷的是,还有画家们描绘该地区景观的各种各样的素描。也正是因为如此,我才能在某种程度上了解到肯顿小姐婚后居住地的情况。……我再次从书架上取下有关德文和康沃尔的那一卷。我又从头至尾地细读了那些精彩的描述和插图,至此,你或许可以理解这样一点:一想到我现在真的可能驱车前往英格兰的那些个区域去亲自看看,我的心情便抑制不住的激动。

通过研究书中对德文郡和康沃尔郡的描述和插图,史蒂文斯消费了两郡的地景,象征性地占有了这些地景,也象征性地占有了两地的普通民众。他穿上主人和其他绅士赠与的外套,扮出一幅绅士派头,模仿着绅士的口音,成为前主人达林顿的代理人;英格兰西南部之旅也是史蒂文斯宣示对其象征性占有之旅;他一再放任乃至暗中鼓励别人把他误以为"一名真正的绅士";他身上隐藏着达林顿勋爵的幽灵;他观看风景的方式暗含了一个贵族的或乡间大宅的视角:

> 作为财产的地景(landscape)暗含了一个土地的拥有者(landowner)……他下令确保其土地的形状,以保证自己可以从

乡间大宅俯视其财产。……这种观看风景的方式实际上也是一种风景画的视角，这样的绘画带给观看者一种视觉上的所有权(a visual ownership)，允许他/她对(所描绘的)乡村抱有一种幻觉性的拥有权(a spectral mastery)，这是通过凝视目光的特权而非劳动的双手获得的。

史蒂文斯的旅行不仅是对达林顿及失落的贵族文化的招魂仪式，还蕴含着贵族阶层和乡间大宅对地景的占有和统治。至此，"地景"被构建成一个具有双重所指的能指符号：既指代以管家职业特质为核心的、可占有、可支配的英国民族性，又指代其与英国贵族阶层和乡间大宅的主从关系。这正是史蒂文斯的"轮子"理论在民族层面上的延伸和认知实践：管家阶层及其主人阶层构成了轮子的中心部分；外围的普通民众被构建成如同英格兰地景一样具有管家职业特质的民族性共同体，而管家阶层是联结他们与权力中心的中介；如同贵族阶层及其大宅占有着英格兰乡村地景，管家们可以作为主人的代理，在文化象征层面行使对普通民众的占有权。

第二节　共同体的解体和批判

史蒂文斯出游的1956年7月，正值二战后的亚非拉民族独立运动如火如荼。昔日"帝国王冠上的明珠"印度已经独立；苏伊士运河危机爆发；英国不仅正迅速失去其世界范围内的殖民地，而且在经济、政治和文化上的全球影响力和决定力也受到极大削弱，并迅速被美国取而代之。"大英帝国"已经风光不再。

处于这样一个大转折的时代环境下，史蒂文斯这位帝国贵族大宅的守护者面对着诸多不利条件：他曾经倚重的"职业精神""道德境界"和"地景"这三个文化符号的含义，正面临新时代所带来的新阐释，而且它们固有的局限性与二战后英国社会文化的新环境格格不入。根据科恩的共同体象征性构建理论,一旦共同体围绕其构建的文化符号本身或者其含义改变或消失,不能再起到联结所有成员的作用,共同体将不得不随之调整转变,有可能面临危机,甚至可能不复存在。另一方面,共同体成员的思想观念也在不断发展变化中,对文化符号的理解也往往会存在差异、分歧乃至摩擦和冲突。如果共同体不能包容这种差异,并寻求全体成员一致认同的目标,这也会破坏共同体的稳定。小说中的管家共同体、主仆共同体和民族性共同体都因为这两方面的问题而面临解体或重组。

一、管家共同体的解体和批判

随着时代的变化,这个共同体的构建基石已经不复存在。史蒂文斯对"职业精神"这一构建符号的定义,要求个人在任何时候,除了完全独处的情况下,都不脱下职业做派的外套。这种职业精神在战后的 20 世纪 50 年代已经消失了。

二战后,新一代管家不再像前辈一样把工作作为自己可以全身心投入的事业。他们的职位愈发不稳定,更具流动性,常从一个主人换到另一个主人。新一代管家对这个职业有了新的理解,倾向于把工作状态与私人空间分割开来。这是当代社会发展给个人生活带来的一种变化趋势,即公私领域的二元对立:

> 把个人在社会上所牵涉的公私领域,加以一分为二,而使私人领域,成为社会生活上极其独特和大为隔离的部分。私人领域被当作一种平衡的机构,提供意义和有意义的活动,来弥补现代社会庞大结构所造成的不满;在私人的领域,"被抑制"的非理性冲动,可以大显身手。特殊的私人身份提供庇护,以消除匿名的威胁,私人世界的纯一,使得公共世界的暧昧可以忍受;……提供疏导情绪、培养感情的方式,以配合"外界"多元关系的真实。

正如伯格所说,新一代管家不再为工作压抑个人生活,而是拓宽私人空间,将其作为释放工作压力的出口。史蒂文斯对此深怀不满,哀叹年轻管家业余时间更喜欢喝酒或看球赛,而不是聚集一处讨论国际大事和业内新闻。他们不会再像史蒂文斯一样不论何时都披挂着职业作风的外套。这种对职业精神的不同理解在新老两代管家之间隔开了一条精神和文化鸿沟,成为两群体之间的边界。

不仅如此,史蒂文斯构建的这个管家共同体本身也存在严重缺陷。首先,在职业作风和个人追求上,史蒂文斯要求成员高度一致,不能容忍对"职业精神""伟大"等文化符号和重要观念的不同理解。而科恩告诉我们,宽容度正是共同体的文化生命力所在。如果不能容纳对构建符号在一定甚至很大程度上的不同理解,而把自己的版本作为唯一标准,那么共同体就会变得太过狭隘,以至于没有他人的容身之地。

史蒂文斯在讨论"什么是伟大管家"时,抨击持不同评价标准的同行们,如其对杰克·奈布尔斯先生的评价:

> 据我所知,他确实曾以惹人注目的方式策划过几次宏大的场面,但任何时期他也没达到过一位杰出男管家的水准。我本该在其声名达到登峰造极之地步时将这一点告诉人们,正如我应能预见的那样,在短暂的出尽几年风头之后,他便销声匿迹了。

奈布尔斯作为一名知名管家,也曾提出一套评价管家的标准。史蒂文斯把奈布尔斯的这套标准及其评价过程中的轶事,描述得如同娱乐行业般不严肃,其中充斥着形形色色的行业流言和所谓明星管家们的起起落落。这与他更为严肃地对"职业精神"和"伟大管家"的讨论形成反差,其贬损之意不言而喻。在随后讨论银器抛光的方法时,史蒂文斯再次把奈布尔斯描述成一个为了超越别的管家而故弄玄虚、不讲求实效的势利小人。种种迹象表明,奈布尔斯很可能是史蒂文斯压制对"职业精神"不同理解的牺牲品。

其次,管家共同体成员之间缺乏情感交流。史蒂文斯的"职业精

第二章 《长日留痕》：帝国意识形态下的共同体困境

神"要求在任何情况下都要克制个人情感，这在很大程度上阻碍了成员之间形成更加深厚的情感纽带。

首先，父子之间的亲情会受到影响。史蒂文斯的父亲年事已高，工作中接二连三地犯错，肯顿小姐对此十分担心，而史蒂文斯不仅对这些错误视而不见，一味坚信父亲拥有完美的家政管理知识，更对父亲的身体状况漠不关心。这不仅有损于他的"职业精神"①，而且作为儿子，他也缺乏对父亲起码的关爱。父亲最终无法承受工作重负，在给客人上茶点时跌倒在草坪上。多年来，史蒂文斯与父亲的交谈越来越少，"甚至在他刚来达林顿府之后，我们就工作所必须交换信息的那些简短谈话也是在相互之间感到窘迫的气氛中进行的"。小说中所有的父子对话几乎都是围绕工作，简短而一本正经，缺乏起码的亲情。

在1923年的非正式国际会议期间，父亲工作时突然发病亡故。闻讯而来的史蒂文斯却奇怪地将自己的视线聚焦在女仆莫蒂默太太身上：

> 她还穿着那件围裙，很显然，她曾一直用它擦掉她的泪水；结果弄得她满脸都是油污，她那副模样就好似参加黑人化妆乐队演出的演员。我曾以为那房间里散发出死亡的气息，然而因为莫蒂默太太的存在——或许是因为她的围裙——整个房间里却充斥着烤肉的气味。

此处，史蒂文斯对自己感官的控制，依然充满着"职业精神"：他看到的是莫蒂默太太的仪容不整，闻到的是与房间本应有的死亡气息不相符的"烤肉的气味"。这略带滑稽的描写与当时房间里哀悼肃穆的氛围形成强烈的戏剧张力。史蒂文斯经过自己的一番职业性审视后，原打算讽刺莫蒂默太太缺乏"职业做派"，但是从读者的角度

---

① 史蒂文斯个人的"职业精神"其实并非完美，他也会在自己的工作中犯错误。小说开头他承认自己最近犯了"一系列的小差错"，但是对具体细节遮遮掩掩、避而不谈。

看,这反而会产生出十分辛酸的对史蒂文斯的"戏剧反讽"效果。在父亲的病床边和遗体前,他仍放不下"职业做派"的枷锁,担心大宅的秩序和体面受到下级仆人粗心的破坏。在讽刺莫蒂默太太的同时,他自己更成为读者眼中关于"职业精神"和帝国意识形态的黑色幽默,可笑但更可悲。他接着又把目光转向梅雷迪斯医生。他的目光始终在父亲周围游荡,却不愿或不敢在父亲身上多做停留。史蒂文斯匆匆返回工作,他不敢直面父亲,哪怕是已经去世的父亲,因为父亲就是他潜在的个人创伤——即亲情缺乏——的体现和肉身。

史蒂文斯通过工作中各种压抑情感的仪式性事件,"把压抑生产成一种神话",把"职业精神"准则崇高化。他只能在想象中强化与父亲及同行们的共同体感觉,把他们这个群体塑造为各自府邸的伟大管家,塑造为全身心为帝国乃至为整个人类服务的伟大管家们。在这个过程中,史蒂文斯试图以自己的主体性和幸福为代价,达到为职业、为主人、为帝国、为人类忘我牺牲的"崇高"境界,成为管家中的"圣人",成为帝国意识形态下的"崇高客体"。然而,这种意识形态生产出的"崇高"有其虚假性:

> 崇高客体之所以是崇高客体,并不是因为它本身有什么特别之处,而是因为它能满足我们的幻想的迫切愿望,满足我们内心的隐秘需求;而且崇高客体之所以是崇高客体,是因为我们与之保持了相当的距离,这个距离一旦消失,崇高客体就会变成"鄙俗客体"或"庸俗客体"。"乡里乡亲无圣人"是也。崇高客体是不能过度接近的客体:如果我们离它太近,它就会失去其崇高的特征,并成为一个普通的庸俗的客体……这是因为它本质上什么也不是。

这段评论一针见血,揭示了史蒂文斯所定义的"职业精神"和"尊严"为何要求"别在大庭广众面前脱掉衣服"。这里的"衣服"不仅指管家的职业服装,更是指管家的职业做派:自始至终用绅士的衣装、举止、口音和措辞包装自己,并随时以职业做派规范自己的言行举止。用史蒂文斯自己的话说:

任何对自己的职业引以为荣的男管家,任何矢志追求"保持与其职位相称的尊严"的男管家,他们都不会允许自己在有别人在场时"下班"……男管家在被人看到时都必须潜心于自己的角色,完全地、彻底地;他不能被人看到一会儿把自己的角色丢弃一边,而下一刻又再度将它披挂起来,就仿佛它只不过是一件哑剧的戏服。

史蒂文斯不在他人面前"脱掉衣服"、不在他人面前"下班",是为了与他周围的人、与叙述对象、甚至与其自我内心感受拉开并维持距离,空间上、精神上和情感上的距离,不让他们过度接近以致发现自己本质上、内核中的缺乏,维持自己作为达林顿府的"崇高"和"伟大"管家的地位,把自己作为一个崇高的客体,奉献给正走向衰落的达林顿府和英帝国。赖恩·特里姆指出:

　　史蒂文斯的"尊严"的外套并不是用来掩藏其脸庞的面具,而是更接近于那些随意放置的、给电影中的鬼魂以外形的幕帘。它无法得到其内部的实质,因为正是外面的织物提供了这种实质性(substantiality)。……我这里的意思是在它底下有某种东西,一个内心的史蒂文斯,电影中的鬼魂——但它只能通过某种外部的、给予其外形、定义和实质的幕帘被察觉到。如果有人揭开幕帘,他将什么也找不到,因为幕帘是唯一使我们能感觉到其底下——或者甚至是构成其"底下"——的东西。是幕帘创造了"底下"。正是如此,高度职业的、自我压抑的史蒂文斯创造并允许我们察觉到"底下"的某种东西。但这种特质无法获取,因为它一直是其表面制造的一种"深度效果"(a depth effect)……因为这个幕帘是尊严,对于史蒂文斯来说是一种独特的民族性,那么就是这位管家的英国性创造了这个有"底下"的印象。

史蒂文斯的"职业精神"和"尊严"等文化符号制造出了其下隐藏着某种内容和实质的假象,一种"深度效果"。例如,在新主人法拉戴眼中,史蒂文斯作为"一位名副其实的老牌英国男管家""一件真品",理应具有丰富的知识、独到的眼光等内在品质,但是实际上很难说老管家具备这些品质。这种"深度效果"维系着他的崇高地位。但这些"幕帘"背后是个人生活和亲情的缺乏和空洞。另外,史蒂文斯叙述中的人称变化也起到了这种"幕帘"的作用。小说的叙述对象是一个管家行业中的年轻人,即史蒂文斯所称呼的"you"。但是老管家时常会突然转而使用第三人称代词"one"来指代叙述对象或他自己,从而拉开距离,减少个人感情色彩。史蒂文斯有意在自己娓娓道来、循循善诱、正要让人生出亲切感之时,又一本正经、不苟言笑起来,造成与叙述对象之间一种若即若离的距离感。它是维持"崇高性"所必需的。而一旦史蒂文斯表露了过多的个人情感,必要的距离就会被破坏,"外套"和"幕帘"就有可能被揭开,内核中的缺乏就会暴露出来。这时崇高性往往会被还原为普通、平庸甚至是滑稽。

父亲的死把史蒂文斯从"伟大的管家"还原为一个普通人、一个儿子。面对死亡这个任何人都无法逃避的问题,史蒂文斯职业的崇高性暂时隐去,亲情的缺乏被暴露出来。此时他显得那样手足无措,甚至不敢注视父亲,更无法履行儿子送父亲最后一程的家庭伦理责任。他是一个无能的、不称职的儿子。为了逃避这种"还原"带给他的痛苦,史蒂文斯本能地躲回工作的庇护所,赶回去为进行中的会议服务。他甚至把前来为父亲敛尸的医生都让给了与会者杜邦先生,他把父亲遗体的尊严连同自己可能残余的一点亲情,都让渡给了"职业精神"。这种对亲情的彻底放弃,带给史蒂文斯一种胜利的心情:他认定对工作的选择和坚持,使自己具有了与父亲及其他伟大管家比肩的尊严。然而,这种放弃的实质是一个儿子对父亲应尽的伦理责任的逃避;胜利感来源于他毁弃个人主体性的自虐;尊严之下是人性亲情的缺乏。

其次,史蒂文斯的"职业精神"要求排除或至少隐藏包括友情和爱情在内的一切个人感情,而肯顿小姐对此却有不同理解。史蒂文斯认为管家共同体仅仅是由职业精神与职业合作关系联结起来的,其中的人际关系类似于军队机构:对上级(即主人)绝对服从,对同级和下属(即同事和低级仆人)则始终军容严整,只有在自己房间里独

第二章 《长日留痕》：帝国意识形态下的共同体困境

处时，才可以做回普通人。

肯顿小姐对共同体的理解则超越了职业关系和职业精神的范畴。她重视工作中人与人之间的情感交流。尽管屡遭拒绝，她三次为史蒂文斯的房间送去鲜花，只为让其中能有些生气，以免"太像一间小牢房"；在有漂亮姑娘应聘府中仆人职位时，肯顿小姐拿史蒂文斯开玩笑，说他怕队伍中有漂亮姑娘而把持不住自己。肯顿小姐不仅把管家的工作看做自己的职业，也作为自己的情感与精神归属。在她眼中，自己和史蒂文斯的联系不仅是职业上的，也应是情感上的。为他的房间送花、关心他的业余生活，都是肯顿小姐表达自己情感的方式。

这两种不同理解之间的碰撞，带来了史蒂文斯的另一个"还原瞬间"。一天夜里，肯顿小姐不请自来，闯入史蒂文斯的房间，借口想知道他是看什么书打发时间的。此处，肯顿小姐大胆地越过了史蒂文斯设定的职业界线。如果三次送花只是友好的试探，那这次则是肯顿小姐明知史蒂文斯重视小屋的隐私性还是选择闯入，显得有些孤注一掷：她试图打破两人之间的关系仅限于工作层面的局限，把它推进到情感层面，而这需要同时拉近物理距离和心理距离：

> "请把你拿着的书给我瞧一瞧，史蒂文斯先生，"肯顿小姐说着，一步一步向我逼近，"之后我会让你享受读书的乐趣。究竟为什么你要这么急不可耐地躲躲藏藏？"
>
> ……
>
> 接着，她与我面对面地站着，顷刻之间，那气氛发生了奇特的变化——仿佛我们两人突然一块儿被推至某个截然不同的境地。……当时周围的一切忽然间都凝固了；我的印象是，肯顿小姐的态度也突然发生了变化；她的表情中显露出一种怪异的严肃，而且我的深刻印象是，她看上去几乎是受到了惊吓。
>
> "请你，史蒂文斯先生，请你让我看看你的书。"
>
> 她伸出手来，开始轻柔地将我紧抱在怀中的书松开。我考虑在她这样做时最好的办法就是别直接看着她，可她的身体离我又那么近，这样一来，我只好以几分不自然的方式将头扭向一

旁。肯顿小姐继续非常轻柔地把书从我手中撬出来,实际上每次掰开一根手指。① 这整个过程似乎花了极为漫长的时间——而在此期间我尽量设法保持着我的姿势……

两人之间的距离从未这么近过。一旦过于接近,史蒂文斯内核的"缺乏"就显现出来——他再一次不知所措。肯顿小姐的过度靠近和炽热情感把史蒂文斯还原为普通人:他就如同一位腼腆的少女,扭过头去不敢正视肯顿小姐。这放在一位四十岁上下的"伟大"男管家身上,显得没有男子气概,甚至十分滑稽和荒诞。整个过程中始终是肯顿小姐采取攻势。虽是一名较为传统的女性,她却能够战胜内心的恐惧("她看上去几乎是受到了惊吓"),勇敢迈出突破性的一步;而史蒂文斯则处于被动守势,暴露出其在情感能力方面的"缺乏"。

肯顿小姐发现他读的仅仅是一部多愁善感的爱情小说。史蒂文斯之所以喜欢读这种小说,恐怕并非完全是他宣称的"保持并提高个人驾驭英语的能力"。实际上,这类小说通常"放在几间客房里,是为了来访的女客人消遣用的"。一个中年男人喜欢阅读为女客人准备的浪漫爱情小说,并且从中"获得一种附带的快乐"。如果不能编造一个合适的理由,这会被看作有女人气,与一个"伟大"管家的身份十分不符,有损于他的职业形象。

史蒂文斯女性化的一面与其帝国意识形态存在紧密联系。在小说另外一处,面对来访的新主人法拉戴的朋友,史蒂文斯否认自己曾为达林顿工作过,这让法拉戴感到十分丢脸和恼火。当新主人质问史蒂文斯为什么要撒谎时,为了平息主人的怒气,史蒂文斯打了一个比方:"这种情况与有关婚姻的习俗倒有几分相似。倘若一位离过婚的女士出现在他第二任丈夫的朋友面前,根本不提及其原先的婚姻状况常被认为是值得称道的。对于我们的职业而言亦存在类似的惯

---

① 此处的英文原文为"Miss Kenton continued very gently to prise the book away, practically one finger at a time"。冒国安翻译为"肯顿小姐继续非常轻柔地拿出我怀中的书,实际上每次不过一英寸左右",系误译,因此在引用时做了修改。

例。"为了掩饰谎言,史蒂文斯将自己比喻为一个女人。在这个比喻中,主人是男人、是丈夫;仆人是女人、是妻子。刘向东指出,史蒂文斯具有殖民语境中"殖民地的他者"的特征:缺乏思考和治理能力、被物化或女性化。而"阳刚的男人"和"阴柔的女人"正是帝国意识形态中统治阶级与被统治阶级之间关系的最为简单和直接的隐喻。史蒂文斯的这个比喻,"并不是信手拈来,而是沉浸在殖民意识中的史蒂文斯对主仆关系的必然表达"。帝国意识形态的核心,是使被统治者在文化心理层面客体化和女性化,因而小说中史蒂文斯的女性化特征是其帝国意识形态的表现形式之一。

实际上,史蒂文斯并非真的麻木无情。当听说肯顿小姐的姑妈刚刚去世,他打算前去安慰,但到了其房间门口却止步不前,担心"打扰了她个人的悲伤"。两人始终隔着一道心门:史蒂文斯始终无法卸下自己"崇高"的职业外套。它已经严重损害了其表达情感的能力。当晚再次见到肯顿小姐时,史蒂文斯居然开口就问:"一切都井然有序吗?"对于他,悲伤快乐等情感是一种破坏秩序的东西。

史蒂文斯在面对爱情的契机时缺乏足够的勇气,没能打破自己预设的共同体场域限制,没能克服帝国意识形态对他的女性化规训,没能弥补由前两者造成的感情能力的缺乏,最终没能将自己与肯顿小姐的职业共同体推进到感情层面,只能固守"职业精神",把自己完全奉献给这个文化符号和与之相联的帝国意识形态。

史蒂文斯对"职业精神"的片面理解,给共同体带来了严重的危机。两位犹太佣人被辞退时,肯顿小姐就在两个层面上向史蒂文斯发出警告。首先是在职业层面,肯顿小姐以威胁辞职表达抗议。其次是在情感层面,此后一年多里对史蒂文斯态度冷淡。史蒂文斯对肯顿小姐情感层面的警告麻木不仁,从未尝试修复两人之间的关系,却对她职业层面的辞职威胁耿耿于怀,以至于一年以后还多次拿这事打趣和揶揄对方。肯顿小姐最终坦陈自己没有辞职是因为自己无依无靠、恐惧懦弱、害怕离开。"如果我是那种值得尊重的人,我敢说我早就离开达林顿府了。"她需要这个职业的共同体带给自己保护和安全感,但史蒂文斯构建和主导的共同体缺乏情感交流,让她倍感无助。她谴责史蒂文斯没有及时沟通或分享自己对解雇女佣的真实想法,"倘若去年你曾考虑让我分享你的感觉,那会对我有多么重要"。

在肯顿小姐看来,共同体的精神和情感纽带与"职业精神"一样,同样是至关重要的。她质问史蒂文斯为什么要在解雇女佣等一系列事情上"装腔作势"(pretend),让她感到孤独无助。这个"装腔作势"正是史蒂文斯所谓的管家"尊严"和"职业精神"带给肯顿小姐的直观而深切的感受。肯顿小姐质疑的是"职业精神"作为共同体内部唯一精神纽带的狭隘性,及其在情感交流上带来的危害。

这种理解上的冲突是史蒂文斯的管家共同体解体的深层原因。在两人的一次交谈中,肯顿小姐问史蒂文斯"生活中还会追求些什么"。他考虑良久,回答说只想一直陪伴达林顿勋爵,帮助其完成一生的伟业,"也只有在那一天,肯顿小姐,我才能够把自己称为,如你所说的那样,一位十分心满意足的人"。肯顿小姐听罢情绪一落千丈,"我们的谈话顷刻间便失掉了刚开始时所采取的那种纯属私人交谈的基调"。此后不久,两人按惯例在肯顿小姐起居室内饮茶的晚间会面终止了,决定终止的是史蒂文斯。他似乎认为自己对职业精神的恪守不渝已经足够维系这个共同体,以至于在得知肯顿小姐有了交往对象后,他不是用情感的表达去争取挽回她,而是荒谬地认为自己"要求极高的""不是每个人都能做的"精英性的工作是竞争对手无法比拟的。其言下之意是对方配不上肯顿小姐。一天晚间,肯顿小姐反复暗示史蒂文斯,自己即将接受求婚并离开达府,但只要他开口表白或挽留,她就会重新考虑。史蒂文斯对此仍然置之脑后,只关心"具有全球性重大意义的事件正在楼上发生"。当晚达林顿勋爵正在游说英国外交大臣哈利法克斯爵士,力图促成英国国王接受希特勒的访问邀请。重大历史时刻与史蒂文斯的个人生活事件再次交汇。与1923年父亲亡故时一样,史蒂文斯还是选择了服务于主人的外交事业,并对此感到"一种深切的胜利感"。

他并非对肯顿小姐的情感麻木,反而是相当敏感的。当晚他路过肯顿小姐的房间,"在那一刻,正当我在昏暗的走廊里止住了脚步、手中托着盘子时,在我心中愈来愈感到肯定,那便是仅几码之遥、在那扇门的另一面,肯顿小姐那时正在哭泣着……倘若我当时敲门走进去,我也许会发现她泪流满面,这一点倒是相当肯定的"。能感觉到他人内心痛苦的人,自己必不会彻底地麻木不仁,这甚至很可能是他移情式的情感表达方式:哭泣的除了肯顿,也许还有他的内心。

但是,作为帝国意识形态崇高客体的史蒂文斯,已经把工作对个人情感的压抑转化为一种升华仪式,其逻辑是:自己愈发压抑亲情和爱情、愈发削弱自身的主体性与情感能力,就愈发在职业上"伟大"和"崇高"。这种扭曲的"职业精神",使他成为齐泽克所说的"意识形态白痴",即"那些相信他与自己扮演的角色完全一致的人、那些不能辩证地调节自己与自己之间距离的人"。对于史蒂文斯,帝国意识形态已经并非单纯的"虚假意识",其功能不在于提供逃避现实困境的出口,而在于为他提供了社会现实本身。老管家眼中的达林顿府一时一刻也离不开他,是他的服务使得影响英国乃至世界的重大事件得以顺利发展。这种认知可以帮助史蒂文斯将自己情感能力(包括亲情和爱情)的缺乏与创伤,当做构成自身"伟大"的必不可少的一部分来接受并以之为荣。

齐泽克告诉我们,"意识形态的整体感是一种想象性功能,它与理想自我(ideal ego)联系在一起……旨在满足自己从未得到满足的欲望"。史蒂文斯通过对工作完全禁欲式的投入,试图满足"自己从未得到满足的欲望":成为伟大管家、服务于帝国并见证历史时刻。之所以说"从未得到满足",是因为换从公共历史的角度看,管家对于历史事件的贡献通常是不会有任何记载的,并且史蒂文斯的所有努力最后都随主人的身败名裂而付诸东流。当时的史蒂文斯无法看到这一点,他已陷入帝国意识形态的整体性想象之中,所谓的"职业精神"成为其眼中社会现实的全部,替代了独立的道德判断和共同体成员间的情感交流。史蒂文斯罔顾自己的亲情义务,罔顾肯顿小姐对共同体的不同理解和情感诉求;他在个人亲情和爱情的重要瞬间选择隐藏在其崇高的"职业外衣"之下,作为一种逃避"还原"的方式和自我压抑的仪式,以此将自己变为一个帝国意识形态的"崇高客体"。然而,史蒂文斯愈是感觉成功和胜利,他就与共同体的解体愈是靠近。

二、主仆共同体的解体和批判

史蒂文斯在小说中构建的与达林顿的主仆共同体面临着解体的必然命运。首先,共同体构建的文化符号"道德境界",其本身存在一个内部断裂:史蒂文斯相信主人将一生贡献给了世界正义事业,因此自己的工作也是为整个人类服务的。但是,达林顿个人的道德感情和道德境界不一定等同于世界正义。史蒂文斯没有意识到道德是一个兼具绝对性与相对性、历史性与时代性、地域性与普世性的复杂概念,不能将它简单化、绝对化、固定化。而且道德境界也不能与对人类的贡献简单等同,生活常识和现代伦理学都告诉我们,动机和效果往往是不一致的。

其次,达林顿没有在人格上给予史蒂文斯应有的尊重,而且他对"职业精神"的理解与老管家存在重大差异。

史蒂文斯深信达林顿具有国际外交方面的专业知识,并将自己的道德判断完全交托给主人。例如,在辞去府内犹太女佣的问题上,史蒂文斯的态度是仆人应悬置个人的道德判断,无权质疑主人的决定,因为职业精神"不允许我们只顾及自己的癖好和个人情感,而是要遵从主人的意愿"。对"专业知识"的盲目崇拜,使史蒂文斯相信达林顿在犹太人问题上"处于某种更高的地位来判断什么是最佳的"①。

对于达林顿来说,"专业知识"是一种保卫阶级等级区隔的工具。某日,为了向宾客证明不具备专业知识的普通民众无法参与国际政

---

① 而肯顿小姐对达林顿的决定表现出义愤,并因为史蒂文斯的顺从和不作为而长时间冷淡他。有学者指出两人此处在道德问题上都有瑕疵:史蒂文斯是道德中立主义(moral nonpartisanism):对主人无故解雇犹太女佣的不道德决定盲目听从,没有在适当时机积极地提醒或干预;而肯顿小姐是道德封闭主义(moral isolationism):没有及时就这个问题与史蒂文斯或者达林顿进行更加有效的沟通,以说服其改变不道德的决定。两人的道德行为都存在问题。

治,他将史蒂文斯叫到客厅,回答宾客斯潘塞先生专业性极强的国际经济政治问题。史蒂文斯自然答不上来,但他很快意识到主人的意图:

> 也即是说,我对此问题必定束手无策显然是他们所期待的事。说实在的,我是花了点时间仔细思量现在的形势并构思出一个恰如其分的回答,我甚至曾表露出在绞尽脑汁思考这一问题的模样,因为我看见屋内所有的先生们正相互开心地微笑着。

史蒂文斯不仅因无知而无法作答,而且"职业地"配合主人和宾客表演自己的无知。这与其说是知识测试,不如说是以专业知识为标志的阶级等级差距的确证仪式。主人和宾客们因为史蒂文斯的无知而志得意满,愈发放松自在,从"微笑""窃笑"到"压抑的笑声",最后到"不那么压抑"的"新一轮的笑声"。整个场面(或者说仪式)充满了隐喻色彩:上层阶级以对"专业知识"的垄断,确立对普通民众统治的合理性。史蒂文斯不仅被羞辱,更被物化为这个仪式的牺牲品。他甚至认为如此受辱也是自己职业的一部分,自觉自愿地接受这种人格尊严上的不平等。这使得主仆共同体关系之下掩盖着的、实质上的暴力关系更加不堪:达林顿没有真正地在人格上平等地看待史蒂文斯,而后者却对此安之若素。

在基于权力垄断的社会结构中,主仆之间永远隔着阶级或阶层的巨大鸿沟,而所谓的"专业知识"与这个社会权力结构存在共谋关系①。阶级、权力和人格上的不平等,是这个主仆共同体的重大先天缺陷。

另一方面,主仆在对"职业精神"的理解上存在重大矛盾。达林顿勋爵把自己同情战败德国的国际政治立场建立在个人友情之上;

---

① 小说暗含了多处对"专业知识"的讽刺和批判:达林顿虽然事后承认自己解雇府中两名犹太女佣是错误的,但自始至终都没有看到自己在二战爆发前已经成为纳粹帮凶的事实;鼓吹国际外交职业化的美国外交官刘易斯,在试图破坏1923年达府的国际会议时却显得笨手笨脚、错误百出。

史蒂文斯的"职业精神"则务求在工作中和生活中压制个人情感,可见两者大异其趣,甚至背道而驰。达林顿对《凡尔赛条约》中的德国战败赔偿条款不满,认为对德国过于严苛,是"继续为一场现在已结束的战争去惩罚一个民族"。这源于达林顿和德国人卡尔海因茨·布雷曼昔日的个人友谊以及1920年底他柏林之行的所见所闻。达林顿将个人感情和在德国的见闻作为同情德国的立场依据,在府中召开"非官方的"国际会议,试图推动在官方国际会议上修改《凡尔赛条约》中最苛刻的条款。他在会上公开抨击美国外交官刘易斯在国际关系事务上的职业精神:"我深信我能贴切地理解你在大谈'职业精神'①时所暗含的意思。这个词语似乎是意指通过欺骗和操纵来实现个人的为所欲为。这个词语还意味着要将个人的贪婪和利益置于优先,而非要看见世界充满良知和正义的强烈愿望"。

达林顿推崇的是一种"业余主义"(amateurism)、一种在国际关系中凭借"崇高本能"行事的方式、一种传统的贵族骑士精神,他将这种"业余主义"看成一项光荣的事业。这与史蒂文斯对"职业精神"的执着构成了强烈的反差。在场旁听的史蒂文斯对主人抨击刘易斯"职业精神"的言辞保持沉默。他看着刘易斯"面对酒杯冷笑着,并且疲倦地摇着头",老管家似乎是在借后者投射自己的无奈。史蒂文斯和达林顿对各自领域中"职业精神"的理解存在巨大差异,而由于两人不平等的权力支配关系,老管家不可能与主人就此问题进行争辩或者起码的交流,他只能沉默。

史蒂文斯曾两次否认为达林顿服务过。对那位给自己提供帮助的男仆,史蒂文斯在对方询问"达林顿是个什么样的人"时,否认自己曾是他的管家。老管家文过饰非地称这只是"一种莫名其妙的怪念头"导致的。新主人法拉戴的朋友韦克菲尔德夫妇询问"达林顿是个什么样的人"时,史蒂文斯再次否认。对此,他先是解释行业规矩不赞成谈论前雇主,接着又声称不愿人们在他面前说达林顿的坏话:"不管怎么说,人们听到的有关勋爵阁下的那些议论的绝大部分全都

---

① 冒国安将原文的"professionalism"翻译为"专业主义"。笔者根据该词的本意,修改为"职业精神"。

是一派胡言,其根据几乎都全然不顾事实真相。在我看来,因我尽量避免听到更多有关勋爵阁下的此类胡言乱语,这似乎可以非常合理地解释我那古怪的言行。"

公共历史对达林顿的评价已成定论:一个纳粹的帮凶,一个历史的罪人。史蒂文斯无法面对这样的历史评价,因为这意味着自己的职业生涯亦被荒废。因此,他的两次否认可能是为了"推迟对他过去生活的伦理评价"。

换个角度看,这两次否认也展现了主仆共同体本身的虚幻性以及史蒂文斯的创伤性内核:这个共同体内部缺乏牢固持久的感情纽带,缺乏彼此间的深入了解和由此而来的共同理解与信念。史蒂文斯甚至缺乏勇气去维护曾经的共同体,去为前主人辩护,去展现出自己所了解的达林顿。史蒂文斯的"崇高""伟大"的背后依然是缺乏:缺乏与主人的沟通交流,无论是在国际外交事务方面,还是在主仆之间的私人感情方面,因此他无法明白达林顿生前一系列政策抉择的深层道德与情感动机。面对新闻报道指责达林顿"自我中心主义"和"骄傲自大",史蒂文斯提不出有力的反驳,也给不出具体事例作为反证。他只能笼统地宣称前主人具有"矜持和谦逊""深厚的道德责任感"等高尚品质,"是个真正的好人,是位完完全全的绅士"。面对他人提出的"达林顿是个什么样的人"的问题,他无法给出真正有说服力的回答。这个问题成为触及其创伤内核的、职业上和灵魂上的双重拷问。

史蒂文斯选择坚信前主人品质高尚、一生为世界正义奔走。这样他自己的职业生涯可以摆脱怀疑和不确定性,可以相信自己在为伟大高尚的事业做着小小的牺牲。然而,他对达林顿的信仰是盲目的,对主人的内心知之甚少。这种盲目信仰的根源在于帝国意识形态。正如齐泽克指出的,"意识形态只以自身为目的",它要求主体盲从,自觉不自觉地手被绑、嘴被封、心被锁,以成就忠于信仰的人生。然而主体往往"信仰它却对它一无所知",如同史蒂文斯信仰达林顿和他所代表的贵族阶层。因此,他可以安然地不关心主人的内心情感,不关心他的外交主张,也不关心他在和什么样的人交往。

正是这种帝国意识形态下的不关心和盲目信仰给主人公带来了

灾难。史蒂文斯为了主人的重要会议而放弃肯顿小姐的那个晚上,他认为自己"紧紧地贴近了重大事件的中心",自己职业生涯来到了另一个高峰,并因此体会到"一种深切的胜利感觉"。然而事后证明,那个夜晚对史蒂文斯也是灾难性的,他不仅失去了肯顿小姐,也放弃了一个拯救主人的机会。当晚,达林顿的教子、年轻的国际政治专栏作家卡迪纳尔请求史蒂文斯凭借与勋爵多年的情义,出手劝导后者放弃与纳粹德国方面的合作,因为勋爵即将犯下一个历史性的错误。此时,达府里聚集着英国首相张伯伦、外交大臣哈利法克斯勋爵以及德国大使里宾特洛甫。受到纳粹愚弄的达林顿正要劝说张伯伦首相,希望他促成英国新任国王乔治六世访问纳粹德国。卡迪纳尔一再追问,而史蒂文斯证明对此情况一无所知。面对前者近乎绝望的恳求,老管家却一再坚称:"我无权对此类事情感到好奇","我的地位不允许我对此类事情表示好奇心","我绝对相信勋爵阁下准确无误的判断力"。缺乏情感能力、失去道德主体性的史蒂文斯,在这一夜虽然兢兢业业、尽职尽责,却同时放弃了两个对自身、对肯顿小姐和对主人极为重要的、历史性的机会。这一夜过后,史蒂文斯迎来的注定是肯顿小姐的哭泣和达林顿勋爵成为纳粹帮凶的历史定位,还有老管家自己职业和人生的双重悲剧。

其实在文学史上,仆人运用自身能力,帮助主人远离或摆脱困境和危险的例子并非罕见。《堂吉诃德》(*Don Quixote*)中的桑丘·潘萨(Sancho Panza)绝不会弃主人于危难之中,而对主人的不道德行为,他也绝不会给予任何支持,甚至会在适当的时机给予责备。《匹克威克外传》(*The Pickwick Papers*)中的侍从山姆·威勒(Sam Weller)愿意为主人匹克威克先生(Mr. Pickwick)奉献自己的一切,在主人面临危险时甚至可以不顾性命地保护他;平日里威勒也会经常与主人分享自己对事物的观点。英国幽默小说家伍德豪斯(P. G. Wodehouse)创作了一系列以管家吉维斯(Jeeves)为主人公的小说,塑造了一位诙谐幽默、足智多谋、在为主人排忧解难方面几乎无所不能的英国管家形象。在其中一部名为《伍斯特家族准则》(*The Code of Woosters*)的作品里,出现了类似于达林顿同情纳粹的情节:主人伯蒂先生(Bertie)与小说中的反犹组织"黑短裤军"(Black

Shorts)头目罗德里克爵士(Sir Roderick Spode)有来往①。管家吉维斯通过兼具理智与情感的说理,坚决建议主人停止与其交往。由此,伯蒂先生才得以及时悬崖勒马,避免了一场可能的灾难。

与这些"前辈"人物相对照,史蒂文斯作为一位如此"敬业"的管家,却未能及时救主人于污名,无论从历史文化的角度、还是个人主体性的角度,都是极大的失败和倒退。这一方面展现了英帝国的整体衰落,但在更深层次上,则凸显出发展到极端的帝国意识形态对人的道德主体性和能动性的破坏与摧毁。在谈到19世纪下半叶至20世纪上半叶英国社会的共同体观念时,雷蒙德·威廉斯从教育的角度剖析了这种帝国意识形态的产生:

> 对共同体观念,我们当代有两种主要的解释……就是服务的观念与团结的观念;前者主要由中产阶级,后者主要由工人阶级发展而成。……形成了与个人主义主张的对立。……英国中产阶级的教育中有一大部分是致力于公仆的训练。这种训练强调顺从和尊重权威,我们从这种强调可以看出,这个教育的特征在于训练公仆,而不在于训练领导能力。……这种伦理的训练似乎有不足之处,因为在实践中它是用来在各个层次上维护和肯定现状的。……服务观念的心理局限在于,在这种训练的基础上,不可能有所突破去谈论"我们如何自治"(How we govern ourselves)。……此外,一个仆人如果想做一个好的仆人,永远也不能对事物的秩序提出真正的质疑;他对权威的服从意识过于强烈。

这种服务观念正是帝国意识形态的一种具体表现,并且这种观念不只体现在史蒂文斯身上,更发展成英国民族性的一部分。石黑一雄觉察到了这种帝国意识形态在历史和当下的存在、它对民族性的塑造作用、它在老一代英国人身上造成的悲剧性影响,以及它对年

---

① 小说作者显然是在讽刺20世纪30年代英国臭名昭著的反犹组织"黑衫军"(Black Shirts)及其头目莫斯利爵士(Sir Oswald Mosley)。

轻一代英国人可能的负面效应。他在访谈中不留情面地点出:"我们中的大多数都像是管家。"史蒂文斯的个人悲剧和共同体解体为英国读者提供了一面反躬自省的意识形态之镜。

三、民族性共同体的解体和批判

与史蒂文斯的共同体构建相对,小说展现了另一种共同体的可能:由莫斯库姆村民组成的、基于共同信仰和价值观的、具有民主色彩的共同体。它与史蒂文斯构建的民族性共同体进行了直接的交流、对话和碰撞。

本章第一节提到,史蒂文斯构建的民族性共同体是主仆共同体的延伸,其本质是一个由普通民众、管家和贵族绅士阶层构成的社会权力结构。旅行中的史蒂文斯一直有意无意地扮演达林顿代理人的角色,多次听任民众把自己误认为绅士,以获得贵族般和主人式的礼遇;而下层民众如同英国的乡村地景,被史蒂文斯构建为附属于达林顿府这样乡间大宅的仆从性存在。

看似矛盾的是,史蒂文斯与真实的英国乡村地景,却刻意保持着一定的物理和心理距离。比如史蒂文斯在旅行第二天到达多塞特郡,在别人的指引下找到了当地一个"美丽的小景点"——莫蒂默池塘:

> 那个池塘并不大——方圆也许不过四分之一英里①——只要站在任何一个突出部位就可将其整个景色尽收眼底。那儿完全处于万籁俱寂的氛围之中。池塘四周种满了树,紧密相挨的树木恰好在池边撒下了怡人的阴影,水中四处那一丛丛高大的芦苇和宽叶香蒲划开了水平面,亦划开了天空留在静静水面上的倒影。我所穿的鞋袜并不是能允许我自由自在地沿池边行走

---

① 冒国安翻译为"方圆也许不过一英里左右",原著为"a quarter of a mile around its perimeter perhaps",系误译,此处予以更正。

第二章 《长日留痕》：帝国意识形态下的共同体困境

的那一类……刚到那儿时，我确实非常想沿着池塘周边走一走。正是想到如此的探险中那种种可能降临的麻烦，亦是考虑到那样做势必毁坏我的旅行套装，才使我聊以自慰地就坐在那儿的一条长椅上。

这段田园地景描写的悖论是：自然风景虽美好，人却不能自由行走其间，因为史蒂文斯担心"那样做势必毁坏我的旅行套装"。即便置身于莫蒂默池塘这个自然而自由的空间，他仍不忘遵循管家的职业行为准则和穿着礼仪，并与田园地景之间始终保持着一定的物理和心理距离（如同他与当地人之间一样），怕污损了自己高贵的"套装"。这呼应了史蒂文斯对"职业精神"和"尊严"的定义："绝不允许任何恶棍、或是任何情况在大众广众面前将其衣服撕破。"可见，旅行中的史蒂文斯依然保持着"伟大"管家的观念和行为方式，保持着帝国意识形态"崇高客体"必需的与日常生活和下层民众的距离。

在莫斯库姆村，史蒂文斯的这套观念和信仰受到了前所未有的挑战。因为汽车燃油耗尽无法前行，他不得已下车步行到路边山坡下的莫斯库姆村寻求帮助。由此，他与想象中的田园地景终于有了零距离的接触。但是，真实的英国乡村与他所构建的美丽、宁静、顺从的地景概念并不相符：

在我两旁看上去都是沼泽地，一阵薄雾正渐渐漫过我前面的道路。……而此刻我正站在两边长满树木和灌木树篱的陡峭道路上……栅栏门另一侧的那片草地十分险峻地向下倾斜着，离我面前仅二十码开外就什么也看不清了。……我终于发现了一条狭窄的缝隙，我就开始紧缩身子硬挤过去，可代价是擦破了衣服的肩部和裤腿的卷边。此外，最后的几块放牧地变得愈来愈泥泞，我有意地不把自行车灯往鞋子上和裤腿的卷边上照，以免使自己沮丧。

在一定距离外看似美丽、顺从的地景，在近距离上变得陌生而艰险，甚至弄脏、弄破了史蒂文斯的套装！这是一个象征性的开始，史蒂文斯即将发现,经历时代的变迁和二战的洗礼,社会底层民众就像这地景一样,不再是想象中温顺而服从的存在。

莫斯库姆村是有点古怪的、传统与现代的结合。它具有滕尼斯眼中传统共同体的要素:村庄规模很小,村民彼此间十分熟悉,乐于分享信息,并作为一个整体与外界发生关联。史蒂文斯来到泰勒先生家的消息很快传开,许多村民赶来拜访,希望就所关心的社会政治问题进行交流。现场形成一个不同观点间的对话场域。村民们对现代社会持一定的批判态度,有传统和保守的一面。例如,关于电力和电灯,"几乎有两个月我们都不曾用过电了……我们对电并不那么怀念。村里有好几户人家就从未使用过电。油灯散发出更为温暖柔和的光线"。特里姆将莫斯库姆村看作是"残留的时代误植,属于现已失去的英格兰",认为它"表征了一种田园牧歌式的和救赎式的关于英格兰的观点"。

但另一方面,在传统的外表下,很多莫斯库姆村民却有着鲜明的政治观点和独立自主精神,具备二战后的当代思想意识特征。他们对诸如什么是"绅士""尊严"乃至国家内政外交问题,都有自己独特的看法和主张。例如,村民哈里·史密斯认为"漂亮房子""体面衣服"和"优美口音"不足以成为绅士,绅士需要一种难以言表的品质;泰勒太太也认为"举止高傲"不是绅士的品质。对史蒂文斯来说,漂亮房子、体面衣服、优美口音都是作为绅士必不可少的条件,而举止高傲也是"职业精神"在他身上长期养成的行为方式。

在"尊严"这个绅士的核心品质上,村民们也给出了与史蒂文斯完全不同的理解。哈里认为尊严不只是绅士们的专利,每个人都可以获得它,或为之奋斗。此处,哈里所说的"尊严"是指政治上的个人自由和权利,以及为之奋斗的精神。他特别提到了二战中为击败纳粹,小村所付出的沉重代价和牺牲,并认为村民理应得到尊严和权利,而他自己也有权在政治上独具观点并批评国家的政策。为不落下风,史蒂文斯声称自己曾以非官方的方式参与国际事务,并对自己曾与高层人物为伍感到骄傲。哈里则强调,即便普通人也不可以忘记自己的责任,而不一定要在显要人物身边,"我深信我正以自己微小的方式尽自己的职责……人们同意也罢、不同意也罢……可至少我要让他们认真思考,至少要提醒他们肩负的责任。我们生活在一个民主国家里。我们曾为之奋斗过,所有的人都必须履行自己的职责"。

两人的观点展现了两种对立的政治理念,即少数精英式政治理念与大众民主式政治理念。村民将大众民主的政治观念作为战后重建国家和社会的基石,也作为在思想观念层面重建小村这个共同体的文化符号。经历战争洗礼而重生的小村共同体将建立在与整个国家之间的、以牺牲和鲜血凝结起来的契约基础之上,并通过持续参与国家的政治进程而不断更新这个契约,形成一种可持续发展的"滚动契约"①。这使莫斯库姆村这个小型的共同体,"成为国家这个想象的共同体的公民所应承担责任的比喻",融入了更大的国家—民族这个想象的共同体。它"表征着战后的社会契约是如何重新演绎民族身份的……使得偏远的共同体也成为当代民族场景中的一部分"。可以说,莫斯库姆村象征着二战后英国着手重建的、具有当代民主制度的、国家和民族的想象共同体。

与之相对,史蒂文斯在构建主仆共同体时,强调所谓的"明智付出的忠诚"(loyalty intelligently bestowed),要求管家一旦找定主人,就要停止找寻,甚至停止思考,全心全意地为之服务。这更类似于一个"定期契约"(fixed-term contract)。两种共同体观念在此形成对立。但史蒂文斯逃避与哈里等人更为深入的对话,对一向看重的"尊严"也未深入阐释,这很可能是因为他担心暴露自己的真实身份。同时,村民们在社会政治问题上的觉悟已经远超史蒂文斯的想象,例如,卡莱尔医生支持殖民地独立的观点,是史蒂文斯从未关心过和思考过的。他们不再是老管家想象中温良顺从、面目模糊、适于统治的下层民众,二战的考验使他们成长为具有独立思想、深刻见解和现代权责意识的新一代英国公民。

---

① 本书第一章第三节中提到,齐格蒙特·鲍曼使用"滚动契约"来描述现代共同体需要不断商议、检视与定期再确认的特性。它是一种不定期的合同和契约,或者是发挥类似作用的认同或默契。每一次有形或无形的"续订",都需要双方以某种方式再次商议并达成认同。与它相对的是"定期契约"。

回房休息的史蒂文斯声称自己本该"好好开导这些人"。他对哈里的凡人尊严说不以为然,认为太理想主义,并坚持普通人的知识和眼光不足以对重大事件做出理性判断、形成坚定的意见。他以在达府的亲身经历和达林顿的言论驳斥民主政治。可见,他高傲面具的背后始终是个管家,是个主动为压迫性的社会等级制度辩护的受压迫者。史蒂文斯与莫斯库姆村民在时代层面与精神层面上形成了鲜明的对立。

莫斯库姆村的传统性与现代性并存的状况,反证了史蒂文斯所构建的民族性共同体的虚幻。赖恩·特里姆认为小村在时间上显得古旧,在空间上远离公路,"实际上表征了一个时间和空间的塌陷"(a collapse of time and space)。但换一个角度看,情况可能恰恰相反。与其说史蒂文斯在莫斯库姆村发现了空间和时间的断裂,毋宁说小村的日常生活传统性与精神观念现代性的和谐共存,向史蒂文斯展现了其基于精英政治结构的民族性共同体的虚幻。

在传统的层面上,莫斯库姆村代表并保存着传统的英国乡村生活方式和传统共同体的特质。而随着贵族阶层退出历史舞台和乡间大宅的衰落,史蒂文斯已经无法继续代表英国传统生活方式的未来。同时,莫斯库姆村与史蒂文斯及其新主人法拉戴乃至他们所代表的全球消费资本形成对立。"相对于(莫斯库姆村)这个共同体,具有高度职业精神的史蒂文斯成为异化的现代社会的代表。"老管家连同达府被转让给美国富商法拉戴的那一刻,他就身不由己地卷入了二战后全球消费资本的浪潮中,从而在一定程度上不自觉地脱离了富有历史传统的贵族生活场景和英国生活方式:史蒂文斯只是作为旧时代的标本,供新主人欣赏和消费,并且他不得不顺应新主人的生活方式,例如学习开玩笑。而在当下的层面上,史蒂文斯从达林顿那里继承的精英主义政治观,正被二战后深入人心的民主政治观念所取代。老管家在政治伦理上已成为那个一去不复返的贵族时代的遗迹。

因此,在传统和当下两个层面上,史蒂文斯都与现实、与时代、与民族脱节了。他在很大程度上成为以莫斯库姆村为代表的战后英国社会的他者,并与这个新的社会处于一种传统和当下的双重间离状态:在传统生活方式与共同体层面、在当下民主潮流和价值观层面,史蒂文斯都疏离于自己的同胞。他"在这个诡异祖国(uncanny homeland)的中心成为一个陌生人",成为这个新的时代与社会的某种"冗余物"和"时代误植","因为他仍然固守着并求助于战前的职业和政治服从的准则,它们现在已经明显过时了"。他关于"职业精神"和"尊严"的观点在新的时代条件下面临淘汰。随之而来地,他所构建的以管家职业特质为基础的民族性共同体就成了无根之木、无源之水。这里的确存在着"塌陷",但"塌陷"的是史蒂文斯的自我定位及其构建的民族性共同体。莫斯库姆村情节是整部小说的转折,它促使史蒂文斯重新审视自己的职业生涯和种种观念,从自傲转向自问、自省并有所觉悟。

四、走向新的共同体

小说结尾处,史蒂文斯来到韦茅斯的一处码头,坐在长椅上思索自己的职业生涯以及两天前与肯顿小姐的会面。在与一位不知名的退休同行的只言片语中,史蒂文斯突然从这几天的回忆和自省中得到觉悟:

> 达林顿勋爵并不是个坏人……至少在他生命终点的时候,他能有权利说他曾经犯过属于他自己的错误。勋爵阁下是个有勇气的人。他在生活中选择了一条特定的道路,它证明是一条被误导的道路,但那样他至少可以说他选择了它。至于我自己,我甚至不能这样说。你瞧,我信赖过。我信赖勋爵阁下的智慧。在我侍奉他的所有那些岁月里,我坚信我是在做有价值的事。可我现在甚至不能说我曾犯过属于我自己的错误。说真的——人得扪心自问——那其中又有什么尊严呢?

他认识到自己一生坚信的"职业精神"和"尊严"观念的虚幻性。如此苍凉的顿悟和自我评价让史蒂文斯泪流满面。这个昔日帝国的

"伟大"管家和帝国意识形态的"崇高客体",在此被还原成一个脆弱的普通老人。

但可惜的是,这种醒悟和自我否定是片面和不彻底的。他否定的是自己意识形态"崇高客体"式的、与他人保持物理和心理距离的职业行为方式;其"职业精神"的核心并没有改变,即"不背弃他所扮演的职业性存在"并"具有投入所担任的职业角色的才华,而且是最大限度上的投入"。史蒂文斯只是打算对自己"职业精神"的外壳,即具体的职业行为方式,做出一些修正。

从港口欢乐的人群中,他发现开玩笑(bantering)可以在陌生人之间建立温情,是"人间温情存在之关键"(the key to human warmth),于是决心按照新主人先前的要求重新开始训练自己开玩笑的能力:

> 调侃打趣正应该是雇主期望职员去履行的合情合理的职责。我当然已经耗费了大量时间去提高自己调侃打趣的诸多技巧,但可能我过去从不曾以我原本应该持有的赞同态度去看待这一任务。那么,当我明天返回达林顿府时……我或许将会开始更加努力地去操练。然后,我理应满怀期望,在我的主人回来时,我将能够使其满意地大吃一惊。

明显地,老管家是从职业角度去看待"开玩笑"的,将它作为自己职业技能的最新进展,以更好地服务于新的主人和新的世界秩序。他所计划的自我训练——工作中少一点一本正经,多一点开玩笑带来的"人间温情"——是为了使新主人法拉戴先生称心满意,是为了迎合二战后兴起的、由美国新主人引入的"消费职业主义",即主人把仆人或管家提供的具有职业精神和职业水准的服务,作为一种纯粹的商品来消费;与传统主仆关系不同的是,主人对仆人或管家不再负有人身依附性的责任或义务,如主人不再负责管家的养老送终。

史蒂文斯的玩笑训练,只能是他在新的历史条件下调整和强化"职业精神"的开始。他将继续把自己完全奉献给管家工作、完全奉献给新主人及其所代表的二战后的世界新秩序。可以预见,史蒂文斯在未来的工作中,很可能会试图与法拉戴建立新的主仆共同体。但这并不会改变主仆间全面的不平等关系,只会给老管家再套上一层消费职业主义的枷锁。

首先,主仆间的从属关系并未改变,甚至变得更糟。法拉戴把史蒂文斯物化为自己的财产,认为他是自己购买达林顿府的一揽子买卖中的重要部分。法拉戴购买达府,实际上买的是一个古老的、正宗的英国大宅及其所代表的英国性的神话。他买的不仅是府邸本身,更是它所表征的文化资本,而史蒂文斯的作用,就是这一大宗文化资本商品本真性的活的证明。所以当受到他人质疑时,法拉戴质问史蒂文斯:

> 这是一幢名副其实、豪华而又历史悠久的英式住宅,难道不是吗?那就是我花钱要买的。而且,你是一位名副其实的老牌英国男管家,而根本不是由某位侍者假装成的。你是一件真品,难道不是吗?那就是我所需要的,难道那不是我所拥有的吗?

史蒂文斯在新主人眼中是一个物品、一件商品,而他对此也心甘情愿:"我敢冒昧地说您确实拥有,老爷。"主仆之间在传统的主从依附关系基础上,更增加了赤裸裸的商品物化的关系。

其次,主人对管家的强权看似有了美式玩笑"人性温暖"的一面,实则更加残酷。以前为达林顿服务时,史蒂文斯的职业精神与个人生活的关系是对立的;而新的消费职业主义的行为准则模糊了工作与个人生活的边界,两者关系的实质是工作进一步侵入并占领个人生活。史蒂文斯在个人生活和情感方面,很可能不是从被压抑的状态中解放出来,而是进一步被其职业性存在吞噬,造成更彻底的自我异化。不仅如此,理论家还指出,如同过度接近意识形态崇高客体会将其还原为日常生活客体一样,不同的社会—符号世界之间的障碍也需要一种过度的接近来打破,需要由日常生活中更加平常甚至低俗的部分(如所谓"恶搞"、黄色笑话之类)来打破。仅仅共同体验高级文化(如小说中的尊严、考究的套装和优雅的口音等)是不够的,人们不得不和他人交换日常的甚至是低俗的快感,而由此种快感交换得来的团结，往往是以牺牲第三方利益为代价的（如很多人如此热衷于传递关于他人的、往往带有不实成分的小道消息）。此种低俗交换如果发生在主人和仆从之间，后果将更加不堪和残酷：主人将转变成主人加朋友的复合体，并由此入侵仆从的私人空间，强行将其裹挟为自己低俗快感的共谋，形成对仆从具有幽闭性的强权。代表美国消费文化的法拉戴看似比达林顿更加平易近人、体贴关怀，但他必将对史蒂文斯施加更隐蔽而强势的权力支配。

法拉戴的美式玩笑和隐性权力支配，是二战后美国在世界范围内推行的文化"软实力"（soft power）政策的微观体现。此处的"软实力"，是指"在当今世界各国政治、经济、文化等各方面交往日益频繁的情况下，美国凭借其政治、经济以及技术和文化优势，积极向外输出自己的观念和意识形态，传播本国的文化，用非武力形式达到新的意义上的殖民活动之目的"。作为达府的新主人，美国富商法拉戴展现出了不同于前主人的文化"软实力"：他主动给史蒂文斯休假，提议他出游"看看自己的国家"，并为他提供汽油开支；在说话风格上，法拉戴诙谐幽默，爱和老管家开玩笑。然而，法拉戴这些"软实力"的最终目的，还是为了更快更顺利地获得史蒂文斯的衷心接受，并将主仆支配关系延伸入老管家的个人生活，以加强对他的控制。总而言之，新主人带来的消费职业主义是一个陷阱，它不仅将史蒂文斯物化，而且加强了主人的隐性权力支配，同时象征着战后美国文化软实力在英国的征服。

史蒂文斯对消费职业主义的态度经历了一个转变过程。出游之前，他还没有完成新旧角色的转换，固守着传统而刻板的职业做派，对法拉戴的玩笑感到不适应、存有戒心甚至有些反感。例如，当法拉戴得知史蒂文斯旅行的目的之一是要见肯顿小姐时，他拿老管家开起了玩笑："哎呀，哎呀，史蒂文斯。一位女性朋友，而且和你同样年纪。……我还从未把你看作一个喜欢对女士献殷勤的人呢，史蒂文斯，……可以让你保持青春，我猜。但我真不知道帮助你去进行如此暧昧的会面对我来说是否恰当。"虽然史蒂文斯内心深处的确压抑着对肯顿小姐的欲望，但他自认为此行的目的只是希望说服她回达府工作，重建与其密切合作的关系，让达府恢复往日的荣光。法拉戴的玩笑冒犯了他的职业尊严,刺痛了他在个人情感上的能力缺乏。老管家克制却显然带着不悦地声明,法拉戴的玩笑是"强加于我的不实言辞""令人难堪"。作为无声的抗议,他"继续尴尬地站在那儿,期待着主人允许驱车旅行"。显然,此时的史蒂文斯尚不愿分享新主人的低俗玩笑所带来的快感,坚守自己职业性的严肃和克制,保持与法拉戴之间的文化心理距离。

小说结尾时,史蒂文斯未能说服肯顿小姐,同时痛苦地领悟到自己一生恪守的"职业精神"和"尊严"的空幻,但仅此而已,它们已然是老管家生命的全部。史蒂文斯唯一的应对,是打算继续尽自己余生之力,为它们填入新的内容,即迎合新主人的玩笑风格,全身心地训练自己的幽默技能。可悲的史蒂文斯"刚出虎穴,又入狼窝":他从服务于旧日大英帝国的意识形态,转而服务于二战后美国主导的新世界秩序,投入到法拉戴所代表的、战后兴起的消费职业主义之中。这是对法拉戴背后的美国文化软实力的臣服,它不可能给史蒂文斯带来真正的自由和主体性,只能让他在主人的隐性强权和对他的物化消费中渐渐老去。可以预见,未来他在达府的工作会更加没有"尊严"。

值得一提的是,虽然史蒂文斯个人的共同体构建以悲剧收场,但小说《长日留痕》本身作为一个整体,可以被看作是作者构建某种共同体的努力。研究者帕克根据巴赫金的对话理论和狂欢理论,指出《长日留痕》中的不同人物之间、不同意识形态之间存在着一个具有对话性的交流场域,而且这种对话性延伸到了作者、叙述者、叙述对象与读者之间的互动关系层面,形成了一种"对话性的语言共同体"(dialogic linguistic community)。例如,关于"尊严",小说中"叙述者的直接意图(如史蒂文斯对"尊严"的颂扬)与其折射出的作者的意图(石黑一雄对"尊严"的去中心化)构成一种对话";莫斯库姆村的村民们也有自己的理解。读者则必须在以上各种话语的基础上给出自己对"尊严"的定义。又如,作品中反复出现的叙述对象"你",可以理解为史蒂文斯试图向不同时空中的叙述对象说话。小说文本的意义由此跳出了某一特定时空,阐释过程转变成"一个不间断的、通过听众和读者创造性的感知能力不断更新的过程"。读者通过叙述者的眼光、语言和观念系统来观察自己,"参与到构建、维护或取代崇高化和程式化的'英国性'的过程之中"。从这个意义上讲,读者如果取笑史蒂文斯的冥顽不化,就是在取笑他们自己。相反,他们不得不把斯蒂文斯作为可能隐藏在自己身上的一部分,来自我反省、自我批判和自我净化。在这个潜移默化的过程中,可能存在于读者身上的自鸣得意的优越感得以被检视和消除。这是石黑一雄在创作中所追求的,也是其作为一名"国际作家"的特殊身份所赋予他的独特创作视角和批判高度,而这往往是白人作家难以企及,或者无法以如此微妙的方式做到的。

第三章 《上海孤儿》：
资本主义全球殖民体系中的共同体危机

《上海孤儿》是石黑一雄确立自己"国际作家"地位的一部重要作品。在其创作早期，以战后初期日本为背景的两部小说为石黑一雄带来了极大的声誉。但作品在获得广泛好评的同时，也遭受到大量文化猎奇和东方主义式的解读。为了证明自己的成功并非仅仅因为日裔身份和小说的异域色彩，石黑一雄创作了《长日留痕》，他在其中洞察了优雅老派的英国贵族大宅管家的心灵世界，也因此登上了英联邦布克奖的文学高峰，但他并未就此止步。1995年出版的《不可安慰的人》将作品背景转到了中欧，并在超现实的情节设置上、离奇梦幻的叙述方式上以及繁杂多元的小说主题上，进行了一次大胆的、甚至有点极端的国际题材实验，该作品在评论界引发了很大争议并一直延续至今。

在2000年出版的《上海孤儿》中，石黑一雄回归了他所擅长的写作手法和温婉动人的第一人称回忆叙事，并在场景设置和小说主题上延续、发展了其国际化风格。小说将主要场景设置在二战爆发前夕的上海国际租界区，那里是一个文化上更加多元的生活环境；主题上延续了石黑一雄一贯擅长的个人回忆与反思，并延伸至跨文化环境下人的生存状态和身份困境等问题。

本章将探讨《上海孤儿》主人公班克斯在回忆中和现实中构建个人共同体的动机、过程以及共同体解体的深层原因，着重讨论资本主义全球殖民体系对主人公和他身边的共同体成员的侵害。班克斯的悲剧在于，他固守自己的怀旧情感和对共同体的幻想，不愿看到、也无法理解当时整个世界所发生的改变：一战后资本主义全球殖民体系进一步发展，其政治经济运作机制与殖民地特殊的历史文化条件相融合，形成一个复杂的共生体系，成为无处不在的恶之源。是这个体系造成了班克斯的家庭悲剧，他最终不得不承认自己对此无能为力。这一悲剧凸显了个人的共同体构建在面对庞大殖民体系时的困境，寄寓了石黑一雄对殖民主义的世界经济政治秩序的强烈批判。另一方面，石黑一雄通过班克斯对往日世界饱含理想主义的怀旧，以及其中朴素的多元文化思想，为小说注入了积极的元素，暗示这种源于人性的理想主义倾向，很可能蕴含着打破全球殖民体系、重塑更加美好世界的力量。

　　小说主人公班克斯是个孤儿。虽然在伦敦已经是有所建树的知名侦探，他心中却始终念念不忘自己儿时20世纪20年代在上海外国租界的生活。当时，父亲是英国一家鸦片贸易公司的职员，母亲黛安娜目睹鸦片对中国人民的危害，出于道德正义感，在家中进行反对鸦片贸易的宣传。她试图说服公司职员的妻子们，让她们劝说自己的丈夫们抵制或退出这一不道德的行业。母亲的努力当然动摇不了庞大的帝国鸦片贸易，甚至对父亲所在公司的鸦片业务也无能为力。然而，父亲却在母亲的期望和公司的职责两种彼此冲突的压力之下，携情妇弃家出走；母亲自己则被同胞和"朋友"菲利普出卖给湖南一位军阀做妾，过着非人的生活。菲利普凭借其正直可靠的外表混入"反鸦片斗士"的行列，获得中英双方许多进步人士的信赖。但他经不住国民党政府的威胁利诱，成了罪大恶极的内奸"黄蛇"，导致大批进步人士、共产党人以及无辜者被害。

　　当年父母双双失踪、仅有十岁的小主人公班克斯，被送回英国由姑姑抚养。多年后，班克斯已经成为伦敦的著名侦探。他一开始并不清楚自己身世背后的真相，但内心一直梦想找回失散多年的父母、朋友甚至佣人，恢复往日的生活。他试图以共同体构建来应对自己童年经历所带来的身份危机，对抗充满混乱、敌意和危险的外部世界，甚至挽救处于战争边缘的人类文明。班克斯在对早年的回忆中以及回到上海寻找父母期间，都构建了某种共同体。然而，现实世界远比班克斯预想的更残酷:二战前夕的上海不但面临迫在眉睫的战争,更盘根错节地隐藏着一个英帝国的资本主义全球殖民体系。这一切意味着班克斯构建的共同体在现实中将无处容身。小说的核心矛盾,是班克斯构建的带有个人理想主义色彩的共同体,与英帝国的资本主义全球殖民体系之间的冲突。

第一节　回忆中和现实中的共同体

班克斯的生活从他十岁父母失踪的那一刻起,发生了彻底的改变并断裂为两半:一半是记忆中再也回不去的上海国际租界的美好童年;一半是现实中他不得不疲于应付,以求融入其中的英国社会。相应地,班克斯所构建的共同体也分为两个:回忆中的和现实中的。

一、回忆中的共同体

在班克斯的回忆中,不只是父亲和母亲,家里的常客菲利普叔叔、与他大致同龄的日本好友哲以及中国佣人李梅,对他的生活都具有如同家人般的重要意义。他的童年时代被保护在家庭、亲友和上海租界区构成的温暖而安全的小世界中。班克斯对他们的回忆笼罩着一层温情脉脉的怀旧,并将他们构建成一个围绕在自己身边的共同体,一种"温暖圈子"。瑞典理论家罗森博格用这个术语来描述共同体内部成员之间家庭般温暖的情感纽带,"以抓住那种人们彼此亲密无间并天真地沉浸其中的状态"。用"天真"来形容班克斯回忆中的共同体再贴切不过,这体现在班克斯对其重要成员的描述中,包括母亲、菲利普叔叔和哲。

老照片中的母亲在班克斯看来具有维多利亚时代的十分传统的美:"优雅、笔挺、也许还有些高傲,但却不乏从眼中流露出的温柔。"

母亲天生具有强烈的正义感。她反对父亲公司乃至整个英国所从事的对华鸦片贸易;她保护家里的中国佣人李梅免受公司卫生检查员的刁难;童年时的班克斯和自己一起玩耍的画面,在她的记忆中如童话般美好。例如,每次母亲在家中开完抨击鸦片贸易的私人会议,都会心情大好,瞬间从一个正义斗士变回一位多情少女或童话公主的形象:

> 当时还形成了一个惯例。那时我们家离露天平台不远的草坪上有一幅秋千。妈妈哼着歌从房子后面出来后,会走过草地,坐到秋千上。这时在花园后面山丘上等候的我便飞跑过来,装出很生气的样子。
>
> "快下来,妈妈!你会把它弄断的!"我会挥舞双手,在秋千前面急得跳脚。"你太重了!会把它弄断的!"
>
> 而妈妈则装出一副既没听见也没看见的模样,只管越荡越起劲,嘴里不停地放声高歌"姑娘,姑娘,快回答,说你愿意做我新娘"之类的曲子。百般恳求都没有用之后,我便会——如今我想不起来这么做究竟道理何在——在她面前的草地上试着连做几个倒立动作。随后她的歌声就会被一阵阵笑声打断,最后才从秋千上下来,陪我一起玩我早已准备好的玩具。即使是今天,我一想到妈妈的那些会议,就必然会想起那些总会随之而来的,让我急不可待、望眼欲穿的时刻。

每次母亲带班克斯去见菲利普叔叔时,都会在一座小教堂门前的草地上玩耍。此时母亲又会如同一个小女孩般投入其中,露出天真烂漫甚至调皮的一面:她在路过的牧师面前装作矜持,待其一走出视线,就变本加厉地和班克斯嬉闹。母亲俨然是班克斯最亲密的玩伴。

菲利普原本是班克斯家的房客。他支持并帮助母亲从事反对鸦片贸易的活动,并对小班克斯亲近有加。在后者看来,其行为举止充满了正宗的"英国派头"。小班克斯每次担心自己的言行不够"英国化"时,总是向菲利普吐露心声,并请求向他学习举手投足的方式。

菲利普曾向班克斯保证:"任何时候、任何事你不知该怎么做,不知怎么做才合适时,尽管来找我,我们一起好好商量。一直到你完全清楚怎么做为止。"而且与班克斯父母一样,菲利普总是称呼小班克斯的昵称"小海雀",他实际上是童年班克斯的心理导师。

哲是班克斯的挚友,来自日本,与班克斯同龄。虽然两人时有争吵和不同意见,而且班克斯常被哲欺负,但遇到困难挫折时,两人总是首先向对方寻求抚慰和帮助。这是因为他们同病相怜:两人都害怕因为自己不够英国化或日本化而让父母失望,害怕因为过失导致自己被送回国,或者导致父母的不和与争吵。哲曾短暂返回日本,其间因为与周围人不同的行为举止方式而受尽嘲笑,因为他毕竟在上海外国租界长大,与同胞之间存在一定文化差异是不可避免的。老师、同学、甚至哲所借住的亲戚们都嘲弄他,以至于父亲不得不把痛苦不堪的哲送回上海租界。自此,"回日本"对哲来说,就成为一种心理创伤和最为严厉的惩罚方式。而班克斯听了哲的诉苦,自然也对回国生出很多恐惧。为此,班克斯与哲携手立下誓约:永远在上海生活。

佣人李梅"把我读书视作至高无上的大事",是班克斯学习和成长的守护者,其敬业程度令人钦佩,"哪怕我已经学了一个小时,她也不会想到把身子往后面的书架上靠一靠,或是在正对着我的高椅子里坐坐,而只是一如既往直挺挺地站着,居高临下地望着我"。班克斯将李梅作为家庭的当然成员,以致多年后,班克斯在寻找父母时,也惦记着要找到她。

这个共同体被构建和封存在班克斯的记忆中。石黑一雄将其称为"保护性气泡"(protecting bubble),并将整部小说总结为班克斯走出气泡、面对真实而残酷世界的心路历程。

虽然这个回忆中共同体的"气泡"给幼年的班克斯提供了安全感,但换一个角度看,这个"气泡"也造成了班克斯未来不得不面对的身份困境:一方面,他虽然出生在上海,但由于外国租界在政治、历史和文化等方面的特殊性,他不可能完全与上海人认同;另一方面,父母失踪的班克斯在十岁时才被送回英国,因而他也无法获得文化心理上纯粹的英国身份。班克斯的跨文化身世,使其无法拥有准确的文化身份定位。他和类似经历的哲都成了文化身份上的无根者。

我们知道,"租界区"是殖民地半殖民地国家所特有的社会景象。它是近代西方列强瓜分中国的方式之一,"是一处因为当时特殊的政治、经济环境形成的'混杂'居住的地带,是一处身份混杂的居所"。那里西装革履与长袍马褂并街行走;中国方言与欧美语言混杂使用。在其中,所在国的本土文化与西方文化相互碰撞融合,形成某种特殊的经济、政治和文化图景。可以说,历史上的租界在跨文化交流层面"提供了一种中西文化交流碰撞的殖民性语境,而且是资本主义世界体系的一个缩影,不论是本国人还是外国人在租界内都面临着自我文化身份的丧失,他们是中与西、传统与现代共同塑造的产物,既与'他者'社会疏离又与自我社会疏离,成为文化上的孤儿形象"。

作为资本主义全球殖民的产物,租界不仅侵害了殖民地的主权,也分裂了租界内所有东方人和西方人的文化身份。小说通过外国租界内外生活图景的对照,暗示了这种不可避免的身份断裂。

外国租界以内是班克斯和哲的家,是"精心照料的'英国式'草坪,那一排把我们家和哲家花园隔开的榆树午后投下的影子;还有那座房子,一座高大气派的白色建筑,有许多厢房和格子阳台"。两人可以在其中安然地生活和成长。而租界以外,至少在孩子们眼中或想象中,是"瘟疫肆虐、遍地污秽、坏人横行"。华人居住区"没有一座像样的楼房,全是破旧的棚屋,密密麻麻紧挨在一起。……而且,那里到处是死人,苍蝇在他们身上嗡嗡直飞,也没人去管一管。……军阀随便指向哪个人,那个壮汉便上前砍掉那个人的脑袋"。对孩子们来说,租界区内外是两幅完全对立的认知图景,两者之间存在无法逾越的文化心理鸿沟。

断裂的另一边,班克斯和哲也无法融入母国,对之既向往又恐惧。他们希望保留自己引以为豪的英国性和日本性,在言谈举止等方面尤为注意,例如班克斯常模仿菲利普的举止,以让自己变得更加"英国化"。但是,他却越发害怕自己有朝一日会被送回英国,特别是哲回日本期间所遭受的嘲弄给他们造成了直接或间接的心理创伤。如前文所说,"回国"对他们成为一种最严厉的恐吓与惩戒手段。所以,小说题目中的"孤儿"不仅是事实上的孤儿,更是一种文化身份上的断裂困境与孤儿状态。在这个意义上,班克斯和哲的友谊不仅是志趣相投,更是同病相怜。他们只能选择一起守护外国租界区这片精神家园,困守自己特殊而脆弱的文化身份。

但《上海孤儿》的高明之处在于,这困境中却蕴含了希望:小班克斯借菲利普叔叔的一段话,道出了自己和哲隐隐感觉到却无法表达的、对自己身份问题的另一种理解,即其可能带来具有积极意义的混杂性和多元性:

> 不错,你在这儿的生长环境确实包括各种国度的人,有中国人、法国人、德国人、美国人,还有其他国家的人。你将来就是长成一个不那么纯粹的英国人也不足为怪。……但那绝不是什么坏事情。知道我是怎么想的吗?小海雀?我认为像你这样的男孩子长大以后各国特点兼而有之绝不是什么坏事。那样的话我们大家相互就会更好地善待对方。起码战争会少一些。哦,是的。也许有一天,所有这些争端都会结束,但不是什么大政治家或教会或类似我们这个机构的功劳,而是因为人们都改变了。他们会像你一样,小海雀。更像一个汇集了各国特点的混合人。因此,为什么不能成为一个这样的人?这种人才健康呢。

从这个角度看,上海国际租界不仅不是困境,而且可能成为一个具有理想主义色彩的场所,一个文化上多元和包容的美好世界。如果班克斯能在这种朴素的多元文化意识下健康地长大成人,他的人生也许会是另一个样子。但接连而至的家庭不幸使十岁的班克斯不得不返回英国。他的身份困境在新的文化环境下发展为一种断裂和错位:其身份意识被截然分为对上海外国租界的认同和对英帝国的认同。对上海外国租界的认同联系着班克斯的过去和童年,那是一个回忆的世界;而对叙述当下的英帝国的认同,联系着班克斯作为帝国知名侦探的现实世界。班克斯同时生活在回忆与现实两个世界中,而回忆世界是现实世界的最终目标和衡量尺度。班克斯的回忆在很大程度上决定着他对现实世界的理解,正如法国人类学家列维·斯特劳斯在《忧郁的热带》中引述夏多布里昂的一段话:"每一个人身上都拖带着一个世界。由他所见过、爱过的一切所组成的世界。即使他看起来像是在另外一个不同的世界里旅行、生活，他仍然不停地回到他身上所拖带着的那个世界里去。"

　　班克斯回到英国后，不仅继续着自己在上海时玩的解救父母的侦探游戏，而且决心有朝一日要去上海寻找父母，去拯救和恢复那个魂牵梦绕、无法忘却的回忆世界。现实世界中班克斯在英国所做的一切、所取得的一切成就，似乎都是为了这次寻找和拯救所做的准备。石黑一雄在访谈中这样描述班克斯的回忆与其现实生活之间的关系："班克斯的叙述贯穿于他生命的不同时刻。他每次叙述，意识就进一步滑入他回忆深层，以至于最终他所描述的世界成为一个内部世界。"

　　然而，回到上海之前的班克斯完全无法意识到，造成自己家庭不幸的深层原因，正是英帝国在中国乃至全球的殖民体系，而他却在为自己终于成长为一名帝国的知名侦探而沾沾自喜，认为自己现在完全有能力、有把握解决一切难题。这存在一个重大的逻辑塌陷：班克斯将作为英帝国的一名杰出侦探，去帝国在远东殖民体系的中心上海拯救自己的父母、恢复往日的生活。而这个殖民体系正是造成其家庭不幸的深层原因。也就是说，班克斯为之服务的殖民体系，正是其家庭不幸的背后元凶。这个逻辑塌陷注定了班克斯上海之行的悲剧结局。

　　班克斯不但对此一无所知，甚至把自己拯救世界的责任和拯救父母的使命合二为一。他认为自己回上海营救父母的行动一旦成功（这在他看来是当然的），也会把世界从邪恶之中和战争边缘拯救出来。拯救世界是大英帝国侦探身份赋予他的使命感，而拯救父母是恢复往日美好生活的人性冲动。班克斯将两者等同起来，既表明他试图弥合现实与回忆之间的鸿沟，也体现出过去与现在的不同角色身份在他身上的矛盾对立和并存。在谈到这一点时，石黑一雄认为班克斯把寻找父母和拯救世界联系在一起，其背后是一种孩子式的情感：

　　　　不论怎样，孩子的逻辑认为，当你修复了你自己的过去，整个世界就会恢复到原来的样子。所以在他的头脑中,在某种暗喻的层面上,他在描述一个正在分崩离析的世界——此处它正陷入一场世界大战。另一方面,我早前的叙述者们(指石黑一雄前几部小说中的叙述者,笔者注)存在于一个更加现实主义的世界中,并试图更加现实地评估他们如何能为文明、人类等做出贡献。……我认为班克斯想要解决父母之谜和他想消除二战威胁之间没有逻辑的或者理性的关系。这个断裂无法简单地用任何理性和逻辑来填补;这是一种纯粹的情感反应(emotional response)。

班克斯似乎认为自己个人的、由家庭成员和好友组成的共同体就是整个外部世界的范式,只要自己的共同体恢复了,上海、远东乃至整个世界就可以平安保全了。这是一种自我中心的思维方式和情感反应模式,并由于他童年的家庭不幸和由此带来的心理创伤而在班克斯身上根深蒂固,甚至影响到主人公对小说中其他人物的认知。在班克斯的叙述中,他周围的人言行举止往往显得不真实,甚至无法根据常识来理解。比如他到上海以后,身边几乎所有的人都对他二十多年后仍能侦破父母的失踪案显得信心十足;当地的市政官员格雷森甚至在班克斯刚刚抵达时,就提出开始筹备案件侦破及家人团圆的庆祝会。这不得不让人怀疑班克斯叙述的可靠性。

国内目前对《上海孤儿》的研究大都将班克斯的叙述定位为不可靠叙述。例如,王岚教授指出,20世纪30年代英帝国的民族风气与作家吉普林(Joseph R. Kipling)的"白人的负担"(white man's burden)所代表的欧洲中心主义,使班克斯的自我认知发生偏差,导致其叙述的不可靠。李建康则根据班克斯叙述中的两种矛盾,揭示其不可靠性:一是与其他人物就同一问题的叙述之间的差异和矛盾;二是与读者所具备常识的矛盾。按照王岚教授的思路,那么我们刚才提到的"自我中心的思维方式和情感反应模式"实际上就是对"欧洲中心主义"的戏仿。

石黑一雄曾经从个人动机的角度讨论其笔下的不可靠叙述者:

仅有一种情况才会使我真正对不可靠叙述者感兴趣，即他们不可靠的原因引发我的兴趣——我们都不得不成为不可靠叙述者的深层原因。因为我们大多数人，当我们审视自己，我们为了面对自己，就不得不进行不可靠叙述。所以，我感兴趣的是这些导致不可靠叙述的严肃的原因。当你认为自己的人生是一场失败时，你如何维持自己的尊严。

不可靠叙述的动机，是叙述者变动不居的叙述表象背后的种种内在心理、情感和文化需求。小说中班克斯不承认自己曾时常打探同学奥斯本"与显贵人物有来往"(well-connectedness)的事，否认自己在学生时代是个"大怪人"(an odd bird)，也反对同学安东尼把自己归为一个"可怜的孤独者"(a miserable loner)。班克斯声称一定是同学们记错了或是误解了自己。从动机的角度看班克斯的不可靠叙述，这些与他人相矛盾的说法似乎都是为了证明一点：班克斯在英国过得很好。他渴望并自认已经融入了英国社会，不愿别人把自己看成外来者或需要特殊关照的人，更不承认自己存在身份危机。班克斯高举大英帝国旗帜并声称要去上海拯救世界文明的言行，也许正是出自这种不自觉的身份焦虑。

但是，他内心深处始终无法把英国作为自己精神上的家园，一心要回上海找到父母，恢复以前在国际租界的生活。只不过英帝国的强大让他自信满满，认为作为伦敦知名的大侦探，他从帝国中心翩翩而至，仅凭办案经验和身上散发的帝国威望，就足以使自己在上海无往不利，一切难题都会迎刃而解。这正是帝国时代殖民主义的民族氛围带给班克斯的文化幻觉和心理妄念。

总之，断裂和错位的身份认同带给班克斯一种内在矛盾的特质：他内心的怀旧情感和理想主义，促使其追寻过去文化多元的共同体生活；但在现实行动中，他所依赖的思想武器却是殖民时代英国的文化优越感和欧洲中心主义。这种断裂、错位和矛盾所包含的逻辑塌陷，将使班克斯的上海之旅陷入歧途。

二、现实中的共同体

成名后的班克斯,在现实中与自己同病相怜的莎拉和孤儿詹妮弗构建了共同体。莎拉的言行进一步鞭策了班克斯将返回上海的愿望转化为行动,为他最终成行提供了心理上和精神上的激励和准备;而他收养詹妮弗是为了在后者身上见证自己曾经的不幸遭遇,实现对自己童年的想象性救赎。

莎拉是班克斯在伦敦结识的一位具有理想主义气质的女子。她一心要与能为整个世界做出重大贡献的名人为伍。为此,她强求当时已小有名气的班克斯把自己带入名流聚集的高级社交场合,以期结识自己仰慕已久的"重要人物"塞西尔爵士。莎拉的要求显得野心勃勃且咄咄逼人,甚至在遭到班克斯礼貌地拒绝后,当场与他闹翻。但实际上莎拉内心宽容、情感细腻。在成功进入聚会后,她就如同一个孩子得到了自己向往已久的玩具,显得甜美而幸福,把与班克斯的不快完全抛到脑后。

与班克斯一样,莎拉也是孤儿,并深深地思念着自己的母亲。班克斯问她:"你是很久以前失去父母的吗?"莎拉答道:"似乎很久很久了,但是在另一种意义上,他们时时刻刻与我同在。"莎拉还饱含深情地向班克斯回忆母亲生前重病缠身时,瞒着年幼的她坚持着陪她乘公交车环游伦敦的情景。莎拉对母亲的真挚怀念和对往日的深切缅怀打动了班克斯,他当即提议两人乘公交故地重游。其间,班克斯自然而然地将自己与哲的童年故事告诉了莎拉。

这个情节是一个重要标志,表明班克斯愿意与莎拉分享对往日的怀旧,而这种"怀旧情感",正是班克斯构建回忆中共同体的文化象征符号。他在现实中构建共同体时沿用了这个符号。自此,班克斯开始将莎拉看作亲密的人,尽管他并不自知:"我对自己竟然跟她说了那些感到意外和不可思议。毕竟自来到这个国家(指英国,笔者注)到现在,我从未向任何人提起过去,而且如前所言,本来今天我也无意破这个例。"班克斯已经在内心情感上接受和认同了莎拉,放下了心中的防备，愿意与之共享自己最为核心的快乐和创伤。自从班克斯被接回英国，多年来无论是对同学朋友还是对自己的姑姑，他都没有真正袒露过心迹，因为他害怕被他们看出自己的志向；害怕自己被看作没有走出往日，不能融入英国的生活；害怕自己会成为别人的笑柄而宁愿伪装自己。而莎拉对母亲的深情怀念，呼应了班克斯对父母和那个自己曾经拥有的共同体的怀旧情感。同时，莎拉和塞西尔爵士去上海解决危机的决定也暗合他内心的渴望，促使他下决心紧随莎拉返回上海。两人作为孤儿的相似命运和情感，将他们联成一个精神上的共同体。

这个共同体的另一个成员是班克斯收养的英国孤儿詹妮弗。她的父母在一次沉船事件中身亡，小詹妮弗被送到加拿大与祖母同住，当时她也只有十岁。詹妮弗与班克斯有着相似的家庭不幸，甚至遭遇不幸时的年纪也一样。詹妮弗"身上有一种不同寻常的气质"，而且"是那么的想念英国"。这又与班克斯有着精神上的相似。班克斯或多或少能在詹妮弗身上看到自己的影子。

但是，两人在对过去的态度上却有很大不同。詹尼佛对自己的过去持完全"放下"的态度，她认为"在生活中你得向前看"。在从加拿大到英国的航海途中，詹妮弗装满玩具的行李箱丢失了。对此，她体现出"一种了不起的处变不惊的泰然气度，特别是能够笑对生活挫折，举重若轻"，而这正是班克斯无法做到的。他反而对詹妮弗丢失箱子的事耿耿于怀，怕她为此过于伤心。詹尼弗安慰班克斯说："没事，我没觉得伤心。不管怎么说，不过是些物品罢了。当你连父母都失去时，对物品就不会太在乎了，对吧？"在这个方面，詹妮弗的心理气质与班克斯形成一种互补关系。

在与詹妮弗谈论父母时，班克斯完成了一个从被保护者到保护者的心理角色转换。他安慰想念父母的詹妮弗："有时候确实很不好受，这点我了解。就像整个世界在身边崩溃粉碎了一样。"这句话是当年的菲利普以及送班克斯回国的船长安慰他的原话，现在班克斯用来安慰詹妮弗，表明他自认已经完成了从受保护到为他人提供保护的心理转变。这让他坚定了返回上海的决心。然而，班克斯如果这样做，必定要违背自己对詹妮弗"我会永远在你身边帮助你"的承诺。对此,她依然报以理解和支持,并表示自己以后长大一定会帮助班克斯。

实际上,詹妮弗的宽容大度和敢于抛开过去向前看的勇气,正是班克斯所缺乏的。对于后者,不挽回过去就无法面对未来。这意味着班克斯回忆中的共同体和现实中的共同体一定要以某种方式发生融合。可惜的是,这种融合只发生在他的想象中。小说中,班克斯找到了自己童年时代在上海外国租借区的旧房子,打算寻回父母后在此恢复往日的生活,或者说开始自己新的人生。他对房子的未来进行了美好的想象:除了父母,他还打算找回佣人李梅、娶莎拉为妻、从英国接来詹妮弗,这一切完成后,再与老朋友哲团聚。

第二节 共同体的幻灭及其深层原因
——全球殖民体系之恶

《上海孤儿》的时代背景设置在20世纪上半叶的20年代(童年班克斯)和30年代(成年班克斯)。在当时严峻的世界政治经济形势下,班克斯的种种美好愿望都注定破灭——不论是如菲利普所说的,在租界里成长为"汇集了各国特点的混合人",还是恢复往日共同体美好生活的幻想。

正如石黑一雄指出的,《上海孤儿》的主题是"我们每个人都必须经历的离开那个不知世间残酷的、孩提时代的保护性气泡之旅"。对于班克斯来说,他走出"气泡"和幻想的过程,就是其回忆中和现实中的两个共同体破灭解体的过程,而且它"发生得非常突然而剧烈",其转折点在于班克斯选择去寻找父母而放弃和莎拉私奔的那个瞬间。

之前在英国满怀信心地声称要解决上海问题的塞西尔爵士消沉了。面对上海的残酷局势,他不仅一筹莫展、无所作为,甚至沉迷于赌博和酗酒。他将失败的原因归咎于莎拉,时常咒骂和虐待她。对此,莎拉虽然维持着风度,尽心尽力地照顾他,但还是向班克斯表达了内心的痛苦:一方面,莎拉和塞西尔并没有真正的爱情可言;另一方面,莎拉强烈地自责,认为是自己对塞西尔的过高期望让他置身麻烦之中,毁了他本该美好的晚年生活。莎拉求助于班克斯,提议他俩一起私奔到澳门,因为这样既可以给塞西尔自由,也可以给自己解脱,并和班克斯一起寻找属于自己的幸福。她向班克斯许诺自己会成为一位好妻子和好母亲,也会好好照顾养女詹妮弗。

对莎拉多年以来的认同和爱慕,使得班克斯几乎立即答应下来而且感到如释重负:他再也不用背着寻找父母、拯救世界的责任感蹒跚前行了。在上海当地多股势力的夹缝之间克服重重阻力寻找线索,早就让班克斯身心俱疲。莎拉的提议将他从重压之下解放了出来,让他看见另一种美好生活的希望。然而在最后时刻,班克斯从当年负责该案的侦探"老孔"那里得到了一条关键线索:他的父母很可能就被关在离外国租界区不远的一间小屋内。班克斯声称自己原本并未把它放在心上,认为已经与自己无关。但在去与莎拉会合的最后时刻,他还是改变了主意,并在一位中国司机的帮助下去寻找"离得不远"的可能关着父母的小屋,也踏上了一条无法回头的道路。

班克斯在最后时刻选择去寻找父母,而不是与莎拉一起搭上私奔的航船,这一行为是自私的:他牺牲了莎拉的幸福去追寻一个只存在于往日回忆中的共同体。但这也是班克斯身份困境的必然产物:他注定要偏执地追寻自己的童年。不找回父母和哲,不恢复童年时代的共同体,班克斯就无法修复他的上海外国租界的文化身份之根,就无法平息自己在英国生活中的身份焦虑,也就无法面对自己的未来。班克斯一生始终逃不开这个身份困境:他回到上海后,面对华人和在华外国人都无法认同和融入,正如之前他在英国和童年在上海面临的类似困境。班克斯后来在战争废墟中发现了一名日本兵,并认为他就是哲,班克斯对"哲"坦承:"我在英国住的这些年,我从未真正在那里有家的感觉。外国租界,那将永远是我的家。"

为了表现得十分融入英国生活,班克斯在言行举止方面自认为十分注意。他自述道:

> 我记得自己可是完全融入了英国的校园生活……记得到校

第一天,我就注意到许多男生站着说话时喜欢摆一种姿势——右手插在西装背心的口袋里,左肩膀不时上下耸着,为嘴里说的话渲染氛围。我记得当天我就把这套动作模仿得惟妙惟肖,到了炉火纯青的地步,同学中谁也没察觉出什么与众不同之处或拿我取笑。

我以同样大胆无畏的精神,很快精通了同学们中时兴的其他种种手势、口头禅和惊叹语,同时还对新环境中藏而不露的做法与规矩了如指掌。

我们可以对照引文中一些动词在小说中的英文原文,它们分别是"融入"(blend)、"注意到"(observe)、"模仿"(reproduce)、"精通"(absorb)。从英文用词不难看出,班克斯实际上把自己看成一个外来者、学习者和模仿者。诚然,这种模仿和学习对于适应新环境是必不可少的,然而凡事过了度就会走向反面,模仿也不例外。小说以各种方式暗示善于"模仿"的班克斯与环境的格格不入。一方面,他自认为上学期间与同学们打成一片,但在老同学奥斯本和安东尼的回忆中,班克斯却是"一个怪人""一个可怜而孤独的人"。他喜欢偷偷沉浸在自己的侦探游戏中,因害怕同学和姑姑发现这个秘密,以至于最后不得不在想象中玩。直到同学们送他一把精美的放大镜作为生日礼物,班克斯才惊诧地发现很多人已经知道了这个秘密。可以推断,他之所以如此遮遮掩掩,是不想让别人看出他始终沉浸于过去在上海的生活,否则会使他更加难以融入当下的环境,因为一个沉湎于过去的人是容易让人生厌的。另一方面,班克斯平日的语言风格过于四平八稳而显得古板,甚至有些矫饰。有研究者指出:

克里斯托弗(即班克斯,笔者注),一位英国人,在上海时是外国人,而现在英格兰他也是外国人,尽管他显然不能承认后一种陌生性。他对我们说话时——如小说中所写的——使用这样一种风格的英语,它更甚于石黑一雄之前的作品,读起来几乎像是一种讽刺作品。有点像对柯南·道尔的拼贴,也有点像对安东尼·鲍威尔都市八卦式的、十足的"英国式"散文的戏仿。

班克斯越是刻意在各方面模仿和学习所谓地道的"英国方式"（Englishness），他的言行举止往往越发的一本正经和装腔作势，也就越发显得与周围的人不同，这正是所谓的"东施效颦"。

其实，除了言行举止方面，班克斯与普通英国人身份和文化的区隔一直存在。上海租界区多文化混杂的烙印——不论是外在显现出来的，还是内在心理层面的——始终伴随着班克斯，显现为他从价值观到社会交往等多方面的不同。

在社会关系方面，少年班克斯与同学奥斯本在这个问题上的认识就存在矛盾。或许出于同情班克斯的遭遇，或许料想他刚回英国必然会经历这样的心路历程，奥斯本认定班克斯十分羡慕自己"与显贵人物有来往"并不时向自己打探虚实。而班克斯则否认这一点，认为自己并不孤独，也没有经常打探别人的社会交往情况。这里，是否"与显贵人物有来往"成为班克斯与同学们之间文化心理区隔的标志：它对奥斯本们来说意味着安全感和优越感，而对班克斯来说，却"与失去父母的创伤直接相关"。他在这方面的缺失始终是无法愈合的伤口。日后班克斯跻身知名侦探行列，常受邀出入于高级社交场合。别人往往误解他是在寻求结交有影响力的大人物以"取得更高的社会地位"。但实际上班克斯对社交和名人并没有兴趣，即使有，也多半是受莎拉的影响。例如，莎拉认为塞西尔爵士是"真正能够做出贡献的人，我指对整个人类，对建设一个更好的世界"，并执意要伴随其左右，助他完成人生中"最辉煌的成就"。这使得班克斯也对塞西尔生出几分敬意，而后者对班克斯也寄予了很大期望，希望他能凭借自己的能力除恶安邦、匡扶文明，并指出"上海的局势至关重要，如果我们想遏制欧洲的混乱，就得把目光放得更远"。塞西尔的这番话让班克斯最终下定决心返回上海。

抵达上海后，班克斯对当时租界区内的外国名流也抱有批判态度，认为他们作为上海的精英，在城市遭到日军攻击的时候却是隔岸观火的心态，"对运河两岸的中国邻居所遭受的痛苦如此不屑"，没有羞耻感、责任感。班克斯与上海当地的英国籍官员关系也很糟糕。他高傲地拒绝了英国驻上海领事馆的麦克唐纳向其提供人手帮助的意向，认为麦氏只不过是个负责礼仪事务的官员；而对于上海市政委员会的官员格雷森,班克斯更是充满反感和戒备,认为他表面上虽然支持自己的调查,口口声声说要为父母的回归准备一场盛大的欢迎仪式,暗地里却处处阻挠调查工作,对自己会见关键人物"黄蛇"的要求一再拖延。

总之,班克斯在很大程度上将自己与周围的人区隔开来,只活在自己记忆的和现实的共同体中。而且从班克斯关键时刻的选择可以看出,班克斯更在乎父母,或者说更在乎自己的过去,在乎恢复童年时代在外国租界的那个共同体。为此,他牺牲了自己在现实世界中的共同体:班克斯不仅违背了与莎拉私奔的约定,也违背了始终守护詹妮弗的约定,将急需关爱的詹妮弗一个人丢在英国,实质上再次使她沦为孤儿。

班克斯的爽约对莎拉和詹妮弗的影响都是终身的。从莎拉给班克斯仅有的一封信中,我们得知她后来独自一人流落到东南亚,战争期间被日本人扣留,造成终生的伤病,最后与一位法国伯爵结婚;而詹妮弗在成长的关键时期得不到班克斯的关爱,导致她性格孤僻,小说暗示她甚至曾有轻生的念头。对此,詹妮弗自白道:"我已经三十一岁,没有孩子,没有婚姻。剩下的就只有时间。……我已经疲惫不堪,有时都想宁愿就独自一人安安静静地了此一生。我可以找个商店营业员的工作,每隔一个礼拜去看场电影,对谁都不妨碍。那种生活也没什么不好的。"

虽然詹妮弗保证"不会再做同样的傻事",不会再去试图轻生,但班克斯却无法逃脱良心的谴责:自己在她最需要的时候离开,这不能不说是一种背叛。他动身去上海前也痛苦地承认,"然而今天我却在这里计划着抛弃她;我甚至不知道会要多久"。当班克斯和女管家吉文斯太太商议此事时,也隐隐感到对方刻意与自己保持距离,"觉得和我坐在一起等同某种形式的合谋串通"——这似乎更像是一种自我情感的投射。多年后,他对詹妮弗忏悔道:"我本该多帮助你的,……在你成长阶段,我应该多一点时间在你身边。可那时我太忙了,妄想解决全世界的问题。我本该为你多做一些事。"可以说,班克斯虽然在现实生活中构建了与莎拉和詹妮弗的共同体,但他为了追寻记忆中的共同体,为了所谓的拯救世界,违背了对莎拉和詹尼弗的约定,背弃了他们的共同体。

至于班克斯在上海废墟中发现的"哲",学者们普遍认为他极有可能不是哲,而只是班克斯的误认①。但这个误认对班克斯有重要意义:他得以宣泄和释放自己累积已久的理想主义怀旧情感。可以说,"哲"是班克斯藏于内心的强烈怀旧情感在现实中的一个投射和对应物。通过这个误认的"哲",班克斯对旧日上海外国租界生活的带有理想主义的怀旧得到宣泄;他一直以来由于身份危机而累积的情感压力得到释放。此后,他的叙述视角和语气从之前的极端自我中心和焦躁不安,变得安静平和了很多,仿佛回到了多年前两人一起冒险和游戏的时代。在班克斯看来,他们终于又可以一起完成营救父母的行动了,就如同往日他们在游戏里所做的一样,回忆共同体的重建似乎近在眼前。

然而事与愿违。等待班克斯的却是残酷的现实。他们最后找到了那个可能关押父母的院子。院子保存得十分完整,在周围一片废墟的环境中显得诡秘、亦真亦幻,几乎就是童年班克斯假想的营救父母游戏场景在现实中的重现:在一片废墟的上海城区有一处幸存的所在,父母安居其间等待他的营救——这是班克斯回忆共同体的前提假设:在这个混乱的世界中,自己仍然能够独善其身。

但院子里的真实情况将他的假设击得粉碎:那里没有班克斯的父母,他的构想完全错误,回忆中的共同体早已离他远去。正如一位日本上校所说:"一旦长大成人,童年便好比异国土地,离我们无比遥远。"班克斯的父母不见踪影,取而代之的是院子里幸存的一位中国小女孩和她被炸死的父母。如果换个更高的角度,将这个场景置于二战前夕的全球殖民体系中来看,院子既是班克斯共同体构建的崩溃点,也是小说中极为重要的一个象征。一方面,这个体系在全球范

---

① 班克斯营救日本兵"哲"的时候天色已黑,对方满脸血污泥垢。而且这个"哲"寡言少语,很难从两人的对话中证明其身份。"哲"仅有的一些话语,也似乎是从任何思乡的日本兵口中都能说出的。直到最后"哲"被日军发现并带走后,班克斯才变得不确定起来:"我一直认为他是我的童年朋友。可现在已经不太确定。我开始发现,许多事情并不像我想的一样。"

围内无孔不入,它早已侵入到班克斯创伤的核心,正如这所房子里的真实情况所表征的。另一方面,这个殖民体系所具有的毁灭性已经把班克斯逼到墙角。但无从逃避的他却始终无法正视这个更大的恶——或许是无法理解,或许是不愿承认。他宁愿蜷缩在自己侦探的小世界里,拿出放大镜研究院子里中国父母尸体上被炸断的白骨和被炸出的肠子。班克斯面对的不仅仅是尸体,更是资本主义全球殖民体系造成的残酷暴行。他虽然装作冷静,冷静到近乎荒谬,但哪里还有更合理的方式表现他在面对这个无处不在的全球殖民体系时的无奈、无助和绝望呢?这个场景具有强烈的象征意义:房子中所困的不是班克斯的父母,而是中国孩子的父母;失去父母的不仅仅是班克斯,更是许许多多普通的中国孩子;班克斯想象中的创伤核心,其实也是中国人民的创伤,是殖民地人民的创伤;一个殖民者的创伤之中,却是殖民地人民的苦难,也就是说,西方人的命运也是与全球殖民体系紧密相关的,甚至可能成为其受害者。这正是《上海孤儿》对20世纪初的那个世界最深刻的文化与政治批判。

欧洲开辟海外殖民地的历史可以追溯到哥伦布发现新大陆的15世纪末、16世纪初。18世纪中叶率先进行工业革命的英国,更凭借其强大的经济和海陆军事实力将其殖民地扩展到全球,至19世纪中叶成为"日不落帝国"。而全球此时有约百分之四十的陆地面积成为欧洲列强的殖民地,一个全球性的资本主义殖民体系就此形成。这个殖民体系有其自身的演化进程。以英国为例,它的全球殖民地治理体系从最初的武力征服和野蛮殖民,发展到20世纪初的"自治领"形式。在1917年一战即将结束时召开的英帝国会议上,各"自治领"取得了帝国的战时内阁成员身份。英国开始承认"自治领"(如加拿大和澳大利亚)是"帝国联邦的自治国家"。这项政策看似更加文明和宽容,但把殖民地作为原料产地和商品市场进行经济剥削的本质没有变。而在亚洲和非洲的很多地区,殖民体系赤裸裸的残酷剥削始终没有改变过。"在最严重的地方,像在东非保护地这个20世纪'殖民剥削'的典型,英国种植园主只是靠损害被剥夺了肥沃土地的土著居民才发财致富的。"在这些地区,英帝国没有开设"自治领",因为这里的人民被认为不够"文明"、没有"能力"而不适合"自治"。

作为其在中国殖民的特殊形式,英国在中国巧取豪夺的各个租界①,也从初期的独立运作并强调不受中国政府管辖的治外法权,转变为愈发与当地政府合作共生。正如英国历史学家莫瓦特指出的:

> 英国在中国建立的利益由来已久,而且规模庞大。……英国却是列强中第一个认识到与国民党人建立友好关系,并且准备好在他们一旦占领北京后应如何行事的重要性。……与此同时,它又在小处让步和维护其重大利益之间尽力保持平衡。维护英国的利益,首先要维护英国在上海的利益。当中国国内的混乱日益加剧,看来要危及英国在上海的商业和投资以及侨民的安全时,英国在上海的驻军便大大地增兵了。

可以看出,一方面,英国在中国的殖民行为日益与当时中国的各种政治力量(包括中央政府、军阀势力和当时尚未掌权的国民党)发生关系;另一方面,在涉及自己重大利益时,英国会毫不犹豫地直接武力干涉。《上海孤儿》也暗示了这两种殖民手段。上海负责接待和处理班克斯事务的市政官员就是英国人格雷森;而武力入侵上海的虽是日本军队,但其逻辑和英国是一脉相承的。在战争废墟中寻找父母未果的班克斯,向一位日本上校抗议其侵略行径:"上校,像你这么一位有教养、有知识的人,应该对这一切感到遗憾。我是指所有这些因为你的国家侵略中国而造成的血腥屠杀。"上校答道:"我同意,确实令人遗憾。不过日本要想成为像英国一样的大国,班克斯先生,这是必经之路。就像过去英国曾经历过的那样。"列强之间为争夺或重新分配殖民地所引起的摩擦或战争,正是这个全球殖民体系无可避免的后果。例如,一战后列强瓜分德国在中国的殖民地而无视全中国人民的反对;二战中日军对亚洲的侵略正是打着"亚洲是亚洲人的亚洲"、"把西方殖民列强赶出亚洲"和建立"大东亚共荣圈"的幌

---

① 从 19 世纪中叶到 20 世纪中叶,英国曾在中国的 7 个港口城市开辟过专属租界,它们是:上海英租界(后并入上海外国租界)、厦门英租界、天津英租界、汉口英租界、镇江英租界、九江英租界和广州英租界。

子。可以说，人类史上空前浩劫的两次世界大战，都与这个资本主义殖民体系存在着强烈的因果关系。

《上海孤儿》还通过班克斯和哲的童年游戏，戏仿了这个全球体系所伴随产生的意识形态偏见及其对人的世界观和共同体生活的危害：

> 就在那段时间里——那年夏天——哲的某些行为开始令我极其厌烦起来。尤其在他没完没了鼓吹日本人成就的时候。他过去就喜欢这么做，只是那个夏天变本加厉，到了令人心烦的地步。……每隔几分钟，他就要妄下断言，声称日本已经成为一个"了不起的大国，就像英国一样"。最可气的是他老喜欢挑起日本人和英国人谁更容易掉眼泪的争论。只要我一为英国人说话，哲便会不由分说地要求我俩立刻来印证一下。这意味着他又要将那可怕的反扭手臂擒拿法派上用场，结果痛得我不是乖乖投降就是嚎啕大哭。

哲当时只有八九岁，但其所受的民族主义和殖民主义影响以及由此而发的言行，已经让同龄的班克斯深恶痛绝。以至于当哲乘船回日本时，班克斯"心中并不感到丝毫难过"。直到一段时间后，和新玩伴之间始终无法消除的距离感，才让他越来越想念和哲相处的日子。

班克斯回忆共同体的破灭，是小说所隐含的资本主义全球殖民体系运作的必然结果。如前所述，这个全球殖民体系的运作是与殖民地当地的历史、经济、文化和政治状况渗透融合的，这会导致形成一个复杂的、超出人为控制的、殖民压迫的共生体。小说所涉及的英国对华鸦片贸易和来自湖南的军阀顾汪就是很好的例证。

自19世纪上半叶到20世纪初期，持续了半个多世纪的英国对华鸦片贸易是中国近现代史上最为耻辱的往事之一。中国人与之相伴的历史记忆是英国人坚船利炮的轰击、中国人"东亚病夫"的污名和公园中"华人与狗不得入内"的屈辱。我们不能不对石黑一雄敢于正视和反思英国对华鸦片贸易的历史问题感到敬佩：作家借班克斯母亲之口大声疾呼:"靠这种充满罪恶的财富生存,你不觉得良心不安吗?"这个质问一定会让很多英国读者感到震撼,因为这是他们以前较少有机会考虑的问题。正如王岚教授指出的,在对待鸦片贸易和鸦片战争的历史问题上,"英国政府在很大程度上持'消解历史'的态度而很少提及;大多数英国学者认为英国为中国带来了'文明',使中国从封闭落后中走了出来,而不认为它……使千千万万中国国民遭受鸦片的荼毒"。在文学领域,涉及那段历史的作品本身就少,能真正反思那段历史的更是凤毛麟角。而普通英国人则往往因为媒体中占优势的负面报道,对中国存在误解、恐惧和敌意。《上海孤儿》对鸦片贸易出于义愤的谴责,表明了石黑一雄在历史问题上不带偏见的客观公允态度和敢于自我批判的文化勇气。如英国学者所言,这在很大程度上"填补了帝国话语和历史现实之间的巨大差异",并表明在后殖民时代的今天,一些英国学者已有意识地进行历史反思以获取更加公正和深刻的历史认知,例如,提莫西·莫的长篇历史小说《一片孤岛》中就涉及鸦片战争和香港被占的历史。更为不易的是,《上海孤儿》将鸦片贸易放在殖民体系与个人生活相互交织的语境中进行展现,其揭露和反思的效果更加深刻。

一方面,英国的鸦片贸易和殖民体系侵入了班克斯的家庭和个人空间,它对班克斯的父母产生了一种"精神分裂"式的效果,是家庭悲剧的真正元凶。在第一节中我们提到,班克斯构建的回忆共同体天真、纯洁而美好,是个他能从中得到安全感的"保护性气泡"。然而,英国的全球殖民体系早已渗入了这个共同体,在其中制造了种种破坏性的对立和矛盾。班克斯父亲就职于一家从事对华鸦片贸易的英国公司,他希望能在公司尽职尽责,因为这是家庭唯一的经济来源。然而,班克斯母亲却是一名坚定的反鸦片人士,不仅动员公司员工们的妻子反对其丈夫们的工作,而且对父亲的工作也给以道德的谴责,母亲曾大声谴责:"靠这种充满罪恶的财富生存,你不觉得良心不安吗?"根据班克斯的回忆,母亲当时谴责的对象很可能就是父亲。但母亲自己也同样面对重重矛盾:她渴望忠诚于丈夫,但丈夫公司在中国的所作所为又与她的信仰(包括宗教信仰)背道而驰;她希望丈夫能鼓起勇气,带着全家离开上海返回英国,但现实却让她失望——

这个家庭看上去很富有,但包括房子在内的很多财产都属于公司,整个家庭在经济上完全依赖于公司。尽管母亲想说服父亲辞职回国,但父亲却不得不面对严酷的家庭经济现状:"没有公司,我们就会寸步难行。"

班克斯家庭的命运,要取决于英帝国在中国的鸦片贸易。换句话说,他们被鸦片贸易绑架在上海,被迫为这个殖民体系服务。不论其愿意与否,班克斯的家庭无疑都已成为资本主义全球殖民体系这台巨大机器上的一颗螺丝。他们在经济上受其控制,在心理和精神上受其折磨。理想与现实、信仰与行动、经济与文化之间的断裂和矛盾,使班克斯父母之间的冲突日益激化。主人公记忆中纯真而亲密的共同体背后,却潜伏着歇斯底里的家庭危机:父母间沟通愈发不畅,争吵却与日俱增。巨大压力下的父亲无法取得内心的平衡,最终选择离家出走,随后不久母亲的失踪也与鸦片贸易密切相关。可以说,正是全球殖民体系和对华鸦片贸易,在班克斯回忆共同体的内部造成了精神层面的断裂和身体层面的瓦解。

另一方面,班克斯从一出生就与殖民体系和鸦片贸易密不可分。他生活的外国租界本身就是殖民时代的特殊历史产物;他的个人成长更是与殖民体系和鸦片贸易息息相关:回英国前是依靠父亲公司的鸦片贸易收入;回英国后则是依靠中国军阀顾汪劫掠对华鸦片贸易船只得来的财富。班克斯对此一无所知,一直以为是姑妈在供养自己①。小说尾声处,菲利普向班克斯暴露了一切:"包括你的教育。

---

① 在这一点上,班克斯与《远大前程》的主人公皮普(Pip)相似。后者以为自己的资助人是一位老年贵妇(Miss Havisham),而自己通过不断的奋斗和对传统英国价值观的忠诚,最终成长为一名真正的绅士。到头来,皮普却发现供养来自于自己曾帮助过的一名被流放到澳大利亚的囚犯(Magwitch),而自己的成长靠的是英国在海外殖民地赚取的血汗钱财。在某种意义上,《上海孤儿》是石黑一雄对狄更斯小说暗含的殖民主义批判要素的续写和发展:《远大前程》中的资助人虽是一名被流放的犯人,但他至少是盎格鲁-撒克逊白人;《上海孤儿》中的资助人则成了一位来自东方的黄皮肤中国军阀。这是资本主义全球殖民体系进一步发展的结果。这个体系已经开始按照其自身逻辑演进,甚至西方人也不能完全控制它,而是受其支配,最终可能成为其受害者。

你在伦敦上流社会的地位。你所取得的一切。都亏有了顾汪。或者不如说,都因为你母亲的牺牲。"甚至班克斯在伦敦的住所也不是来自姑妈的遗产,而是来自远在中国的鸦片贸易。这是班克斯被拽出"气泡"的时刻,是他不得不直面这个残酷的真实世界的时刻。菲利普歇斯底里地要班克斯看清"这个世界的真正面目""在伦敦的舒适生活是怎么来的";班克斯"身子前倾,迎着灯光听他说话的当儿,一种奇怪的感觉在心头泛起,总觉得身后的黑暗越来越扩大,此刻已形成一个巨大黑洞"。这个"巨大黑洞"就是他始终生活于其中,却无法看清它真实面目的资本主义全球殖民体系。

这个全球殖民体系在《上海孤儿》中是以鸦片贸易的形式表现出来的。它是资本主义追求高额利润的本性与英国的殖民主义政策相结合的产物。马克思在《共产党宣言》中一针见血地指出资本主义和殖民主义所带来的全球化及其不平等:

> 资产阶级在它已经取得了统治的地方把一切封建的、宗法的和田园诗般的关系都破坏了。……资产阶级,由于开拓了世界市场,使一切国家的生产和消费都成为世界性的了。过去那种地方的和民族的自给自足和闭关自守状态,被各民族的各方面的互相往来和各方面的互相依赖所代替了。……正像它使乡村从属于城市一样,它使未开化和半开化的国家从属于文明的国家,使农民的民族从属于资产阶级的民族,使东方从属于西方。

一方面,这种原料产地和市场的殖民主义全球化,必然带来各资本主义强国对殖民地的争夺和战争。另一方面,殖民体系又不断与殖民地的当地政府或军阀相融合,生长出更为复杂的殖民系统及其运作逻辑。

小说中20世纪20年代至30年代的英国对华鸦片贸易,与当时中国内部军阀之间的割据与混战局势紧密交织共生,"勾勒出一幅晚期资本主义现代性全球体系的认知图景"。例如,班克斯父亲所在的鸦片贸易公司必须通过长江把鸦片运送到中国内地。"通过匪区时,得靠小船把那些船只护送到长江上游。假如没有足够的护卫,那些货过了长江三峡没有多远就会被抢劫一空。因此所有这些公司……都与当地军阀达成交易,在其管辖地内保证船只通过。"班克斯母亲和菲利普为了实现终止鸦片贸易的理想,恳求湘北军阀顾汪截断鸦片运输线路,不料母亲被顾汪看中。父亲出走后,母亲被作为条件之一,由菲利普出卖给顾汪。作为交换,对方答应不再保护并转而攻击从湖南境内经过的英国鸦片公司的运输船只,从而切断了鸦片运输线路,实现了母亲的理想。同时,顾汪定期给班克斯提供在英国的各项费用。母亲为了班克斯和禁绝鸦片的理想而自我牺牲,成为对华鸦片贸易乃至资本主义全球殖民体系的牺牲品。

《上海孤儿》不仅直接揭露了帝国殖民体系与殖民地当地势力的融合共生,而且通过一系列"蛇"和"龙"的意象暗示了这种帝国中心与殖民地边缘之间的相互渗透。小说中,促使班克斯决定回上海的一个重要事件,是发生在英国西南部萨默赛特郡的一桩儿童谋杀案。案件调查期间,一位满腔悲愤的巡官敦促班克斯要去斩杀"毒蛇的心脏"(the heart of the serpent):

> 先生,我不过是个无足轻重的小人物。……我只会待在这儿,竭尽全力与罪恶的毒蛇做斗争。可这是一只多头怪兽。你把一只头砍了,被砍的地方又会长出三只头来。……假如我是一个有身份的大人物,告诉你,先生,我一定毫不犹豫。我会直取它的心脏。

这位巡官所说的"毒蛇"(serpent),其实是希腊神话中的"九头蛇"(Hydra)。相传割去九头中任何一头,会生出两个头,它最后被大力神赫拉克勒斯所杀。另一方面,在班克斯的童年回忆中,母亲曾经"被作为'中华鸦片巨龙'(the Great Opium Dragon of China)的首要反抗者而远近闻名并受到爱戴"。"蛇"和"龙"的意象在小说中分别用来象征罪恶之源和对华鸦片贸易①,两者高度相关,甚至在班克斯母亲看来,两者是等同的,所以她谴责鸦片贸易是"充满罪恶的财富"。

那位巡官建议班克斯去斩杀毒蛇的心脏,即铲除罪恶的源头。考虑到小说中"蛇"与"龙"的高度相关性,去"斩杀毒蛇"也就是去"追杀巨龙"(chase the dragon)。具有讽刺意味的是,英文中的确存在短语"chase the dragon",但这个短语的含义是"服用鸦片"。这个隐藏的语义反转暗示着,对"恶"的讨伐最终会回到殖民体系自身。罪恶的中心正是鸦片贸易和消费,是殖民宗主国与殖民地之间的相互渗透。通过顾汪这个鸦片贸易的保护人,鸦片资本在英国本土与中国内地之间流动。而且小说把顾汪的地盘设定在湖南也是有意为之。历史学家谢理丹(James Sheridan)告诉我们,当时最重要的对华鸦片贸易路线是从长江流域逆流而上,运至湖南境内。这是"最为稳定的贸易路线","从那里可以向北运至其他长江流域,或者向南运往珠江三角洲"。顾汪控制着湖南西部地区,并决定着本省境内鸦片运输航线的存亡,他实际上控制着整个中国内地最大的鸦片运输动脉。因此,即使是英国鸦片贸易公司,也不得不付出高昂代价,容许顾汪进入整个鸦片利益分配体系以求得其保护。可以看出,宗主国或殖民者与殖民地统治阶层或割据势力相结合,形成一个巨大的运输、销售和分配网络。只有把宗主国与殖民地的这种内在联系考虑在内,才能理解整个殖民体系。两者融合后生成盘根错节的掠夺、寄生和相互利用关系,具有自己独特的运转逻辑,甚至超出了殖民者自身的控制能力。

在英国人所称的"毒蛇的心脏"——中国上海,班克斯找到的是鸦片贸易驱动的殖民体系的利益与权力链条,以及它给中国人民和自己带来的苦难。更可悲的是,班克斯多年来不仅依靠这个殖民体

---

① 例如,小说中班克斯一直希望见到的关键人物"黄蛇"(Yellow Snake)菲利普,曾是一名自己敬爱的反鸦片斗士,最后却成为国民党政府的奸细和军阀顾汪绑走母亲的同谋;小说提到对华鸦片贸易时,常称之为"鸦片巨龙"(Opium Dragon)。

系成长,而且这个体系一直就在他身边:他父亲是英国鸦片贸易公司的雇员;他最敬爱的菲利普虽然表面上是个鸦片斗士,但实际上早就与军阀顾汪有了勾结。有一次童年班克斯去菲利普的办公室玩,后者临时起意,将墙上挂的一幅长江流域的地图送给他作为礼物。考虑到军阀顾汪所控制的鸦片贸易路线就位于长江流域,这幅地图很可能暗示出菲利普当时已经和顾汪有了联系,需要长江流域的地图作为参考。

结尾处,"黄蛇"菲利普坦陈自己曾贪恋班克斯的母亲。特别是班克斯父亲出走后,菲利普希望能取而代之,但母亲从未给他机会。他恼羞成怒,希望她成为顾汪的奴隶:"那些年里,我通过顾汪间接获取快感,就好比是我自己也征服了她一样。我无数次地从想象中获得快感。"不仅是报复的快感,菲利普的金钱、名誉和地位都是通过顾汪间接获得的,如同班克斯从顾汪身上所获得的一切。英帝国的全球殖民体系在中国的独特运转逻辑,甚至颠倒了殖民者与被殖民者的关系。这一点与《远大前程》构成了奇妙的平行和互文关系:《远大前程》中被流放到澳大利亚的犯人马格维奇,多年来资助小说主人公——年轻的伦敦绅士皮普,并从中间接获得快感。但从《远大前程》到《上海孤儿》,殖民者与被殖民者的快感关系却发生了彻底的倒转:殖民者(菲利普和班克斯)被本地化的殖民体系捕获,转而依赖这个体系,甚至依赖原本的被殖民者或至少是其权贵阶层(军阀顾汪)。可见,英国的资本主义全球殖民体系发展到本地化融合的阶段,已经脱离了殖民者的控制,成为一台吞噬一切(包括殖民者自身)的可怕机器。

菲利普坦白了一切真相后,希望班克斯能一枪结束他罪恶的生命。殖民体系已经将其人性侵蚀殆尽。为了在其中获得荣华富贵,"黄蛇"菲利普背叛了班克斯和他的母亲,背叛了曾为之奋斗的禁绝鸦片的理想,背叛了共产党,成为可耻的内奸。连他自己也无法忍受下去,希望班克斯能把自己从这一切中解脱出来:"来吧,小伙子。你可以杀了我。因为你一直想这么做。就为了这个我才活到今天。其他人谁也没有这个权利。你瞧,我特意把自己留给你。扣动扳机……来吧,杀了我!还手下留情干什么?你都听到了!来,把我像卑鄙小人一样杀了吧!"这段独白让人联想起康拉德《黑暗的中心》里的库尔茨,为了追求无限的金钱和权力而前往非洲殖民地,却最终迷失了本性,临终前双目圆睁、哀叹着"恐怖啊,恐怖啊"。相比之下,菲利普更加可悲,他背叛了所有人,早已成了丧失人性的行尸走肉,只是一直在等待着惩罚的降临,等待着班克斯的出现。

《上海孤儿》深刻地展现出这个全球殖民体系是如何在压迫殖民地人民的同时,也无可避免地吞噬着殖民者自身的主体性。小说结尾处,班克斯到香港的一家疯人院里寻找母亲,发现其中有很多西方人的身影。这似乎暗示发生在班克斯母亲身上的事情很可能并非个例,西方人自身也成为全球殖民体系的受害者。从长远看,无论是对于殖民地人民还是对于殖民者,它都是一个纯粹的恶的体系。

班克斯最终未能结束菲利普的生命。有研究者尖锐地指出,"这默认了顾汪的养父身份,没能射杀菲利普意味着班克斯承认他从毒品贸易中获利,因此认为自己没有资格站在道德高位进行复仇。未能开枪说明他承认了自己在这场掠夺和盗窃中也有一份"。曾对同学"与显贵人物有来往"怀有好奇与向往的班克斯,终于苦涩地发现自己也有"贵人"相助,但这位"贵人"却也是自己家庭的仇人,其背后牵连着整个鸦片贸易和帝国殖民体系,体现着帝国中心与边缘、宗主国与殖民地之间的资本和物质流动,而班克斯自己对这一切完全无能为力。军阀顾汪及其影响在小说中无所不在,这凸显了资本主义在全球殖民的过程中,与殖民地的特殊历史文化状况及其统治阶层融合,形成一个全新的共生体系,拥有其自身的复杂性和生长逻辑。这个全球殖民体系已经超出了殖民者自身的影响和控制能力。班克斯原以为自己能独善其身,恢复往日的家庭生活,并与外界种种的恶划清界限。但是,资本主义全球殖民体系不同于传统的恶,它是无所不在的关系网络,班克斯被不可避免地卷入其中,甚至他自身就是其产物。这展现出个人面对全球殖民体系之恶的无奈。

在这个意义上,《上海孤儿》通过对经典侦探小说的戏仿①,不仅探讨了资本主义全球殖民体系条件下恶的来源,展现了个人面对它的无奈,还凸显了这个殖民体系与经典侦探小说蕴含的单纯的理想主义之间的冲突。石黑一雄在访谈中指出:

> 这些英语小说(指经典侦探小说,笔者注)展现了一个纯真的世界,其中发生了一桩案件。在一个安详的多塞特郡的村子里,牧师被人下毒杀害了。所要做的一切就是找来一位侦探,四处查看一番,然后一切就会恢复美好,所有的分支情节都会被揭开,大家皆大欢喜。一切都恢复到以前的样子……我设置了一个这样的侦探形象,并将他放在现代世界中……(他)拿着放大镜四处奔走试图阻止第二次世界大战,这看起来多么的荒唐。

流行于两次世界大战之间的侦探小说体现着一种单纯的理想主义,其善恶观是简单对立的。恶似乎是只要斩杀其心脏就可以战胜的巨蛇,它来自于外部世界,可以一劳永逸地清除,正如班克斯和前文提到的那位巡官所认为的。这种理想主义换个角度看,就成为一种逃避主义。石黑一雄认为当时侦探小说的盛行,是20世纪初那一代人逃避现实的方式。他们"很清楚地知道现代世界中的罪恶和痛苦不只是来自一位主犯或是某位牧师毒杀他人以谋取其遗产。他们经历了现代科技战争带来的创伤体验,而整个世界已经因为民族主

---

① 《上海孤儿》对经典侦探小说的戏仿已经成为评论界的公论。戏仿主要体现在:首先,班克斯总是拿着放大镜四处查看,即使是在上海的战争废墟中、即使面对战争受害者的尸体也是如此。这是对传统侦探形象的极度夸张,显得荒谬可笑。其次,小说中缺少对探案过程具体细节和逻辑推理的严密展现,只是通过一个个班克斯成功侦破的案件来说明其职业历程和能力。最后,在读者反映的角度上,小说打破了读者对文体类型的情节预期。结局不是班克斯侦破了悬案,而是其母亲绑架案的幕后主使、"黄蛇"菲利普主动现身(似乎是不堪忍受班克斯探案的笨拙表现)并向他坦白了一切真相。所以从各个角度看,《上海孤儿》都是对传统侦探无所不能的形象的质疑、解构和讽刺,称之为戏仿恰如其分。

义和种族主义变得疯狂。在他们看来,领袖们已经不能控制这个世界,而流血和痛苦似乎无穷无尽。他们渴望逃离这一切。我是说,他们很清楚世界并不像那些小说所描述的,邪恶也不是那样的。但是他们想要暂时地逃入那种幻想:生活可以如此的简单,你所要做的一切,就是指出谁是罪犯,问题就解决了"。

一战后欧美文坛"迷惘的一代"作家是这种社会思潮的代言人。他们作品中的人物往往身负战争创伤,希望逃离这个变得失控、可怕和血腥,却不知究竟为何如此的世界,追寻那个似乎曾经存在的美好而单纯的世界,就如同《太阳照常升起》(*The Sun Also Rises*)中背负着战争伤痕四处寻欢的杰克·巴恩斯和《永别了,武器》(*A Farewell to Arms*)中费尽千辛万苦要逃离战争噩梦的弗雷德里克·亨利。在英国,侦探小说恰逢其时地为刚刚经历战争创伤的人们提供了这种逃避的可能性,它"犹如给英国社会的一味镇痛剂,成为经历残酷战争之后的'迷惘的一代'逃避残酷现实或抚慰战后创伤的遁世良药"。与其说石黑一雄通过戏仿经典侦探小说展现了班克斯的个人创伤,不如说作家借此描绘了一战后英国人的心理创伤、理想主义和逃避主义。

主人公班克斯的复杂性在于,他不仅有单纯理想主义的一面,也有殖民者欧洲中心主义的一面。王岚教授通过分析班克斯受众人鼓动决心返回上海的过程,以及他性格中的不自信与他在上海期间傲慢态度之间的矛盾,指出班克斯体现着一种夸张的、被扭曲的欧洲中心主义。虽然班克斯无法在身份认同上真正融入英国社会,但他在欧洲中心主义的民族心态上也具有很强的代表性。石黑一雄将班克斯这个当时英国社会文化心理的典型人物,放入二战前夕的上海这个特殊的历史文化环境,"来看一看这个人,他相信世界上所有的问题,不论是他自己的个人世界还是更大的世界,都来自一个需要揭露出来的犯罪要素。让我们把他放入20世纪的混乱之中,面对着另一场世界大战的边缘,让我们看看他如何应付"。

《上海孤儿》通过对经典侦探小说的戏仿和班克斯寻找罪恶源头的失败,揭示出资本主义殖民体系这个全球性与地方性融合的、巨大的经济网络和权力结构,已经成为这个世界恶的源头,而不再是经典侦探小说中某一个(或某一群)为了争夺遗产之类而杀人灭口的罪犯。这两种对罪恶之源理解的反差构成了作品中巨大的张力场。班克斯怀抱着单纯理想主义和欧洲中心主义,成为英国在两次世界大战之间的民族文化心态的代表;他置身于上海这个全球殖民体系的风暴之眼,其回忆中和现实中的共同体最终在这巨大的张力和冲突中破灭和解体。他的遭遇看似偶然,实际上带有一种历史的必然,在英国的民族心态上和社会文化心理上具有普遍性,也展现出石黑一雄锐利的文化批判眼光。

小说暗示,只要这个全球殖民体系存在,它产生的恶就将继续蔓延下去。前文提到,小说末尾那位日本军官认为日本要变得强大,就要像英国一样去占领更多的殖民地。可怕的是,这种殖民主义思维在小说中早已侵入了孩子们天真的心灵:童年的哲常常以讨论日本和英国谁更强大为由,使用"反扭手臂擒拿法"的武力欺负童年班克斯。小说通过孩子之间的小小摩擦,戏拟了大国列强之间的争夺,隐喻了这个全球殖民体系是如何在意识形态层面自我再生产和不断扩张。这必然在世界范围内引发殖民列强之间的矛盾,直至最终发展为国与国的战争甚至世界大战。

第三节　小说蕴含的解决之道

虽然班克斯构建共同体、恢复往日美好生活的努力失败了,但是他追寻的过程已经蕴含了对抗这个殖民体系的人性力量——它就暗含在小说的关键词"怀旧"之中。"怀旧"是小说中班克斯构建共同体所依赖的文化符号,也是班克斯叙述和行动的情感动力。《上海孤儿》为这个词注入了新的含义,使其成为改造或打破全球殖民体系的希望所在。

据考证,"怀旧"一词源自希腊语,由单词 nostos(意为"返回")和 algos(意为"痛苦")组合而成。在现当代学术界,"怀旧"一词通常含有贬义。约翰·理卡德将"怀旧"定义为"怀有失去之痛的、对返回过去的迷恋"以及"一种面向过去的态度,它封存着过去的存在(物),它会阻止而不是鼓励真正的调查研究和辩证观念"。理卡德认为怀旧的人"为了逃避现在和未来而面向过去"。戴维·洛文塔尔也认为"怀旧是去除了痛苦的过去……对未来的不信任助长了今日的怀旧"。很多批评家嘲笑"怀旧"矫揉造作和荒唐可笑,"并悲叹它抵消了当前的努力,悲叹它对未来缺乏信心;它被认为是'精神贫瘠者最时尚的镇痛剂'"。

在17世纪,这种心理现象甚至被看作是"怀旧病"(nostalgic affliction)①,常常与"思乡病"(homesickness)相提并论。它被认为不仅仅是一种精神状态,更是一种身体的病症,严重时甚至可以引发其他多种疾病而导致死亡。时至今日,"怀旧"在日常生活中也往往名声欠佳,它常常被认为是和个人的多愁善感、忧郁感伤甚至无病呻吟、矫揉造作等消极的情感体验和气质特性联系在一起。

对于国家而言,"怀旧"有多种层面的意义。以英国为例,在政治和国家意识层面,每当英国面临严峻的困难,不论是经济问题或是军事挑战,帝国往日的"荣光"总会被用作凝聚民心、激励士气的一面旗帜。例如,二战中面对德国法西斯的入侵以及20世纪的80年代国内经济困局,时任英国首相丘吉尔和撒切尔夫人都把英帝国曾经的"伟大"作为鼓舞士气、唤起民众爱国热情的有力武器,并以确保这份"伟大"能够延续下去的名义采取强有力的军事或经济措施。在文化

---

① 该病由约翰内斯·霍费尔(Johannes Hofer)医生于1688年首先确诊并定义。他发现很多病人一旦离开家乡就会精神萎靡、变得衰弱甚至失去性命。他把这种疾病定义为"一种动物神经的连续震动,它穿过大脑中部的那些神经纤维,这些神经纤维中印刻着关于祖国的种种思念的痕迹"(a continuous vibration of animal spirits through those fibers of the middle brain in which the impressed traces of ideas of the Fatherland still cling)。神经病学家菲利普·皮内尔(Philippe Pinel)详细研究了"怀旧病"的发病过程,发现患者的内脏器官,如肺部、胃部或脑部,往往有病变症状。日后医学界证实,这些病人其实大多死于肺结核、肠胃炎症或脑膜炎。但是人们普遍认为怀旧的精神状态也是导致这些病症的原因之一。

层面,"怀旧"则愈发成为英国当代文化产业的金字招牌,它充分利用丰富的文化遗产和历史遗迹,营造历史文化的"怀旧"氛围、吸引全球游客,展现出较强的文化软实力。

尽管如此,这些国家层面的"怀旧",依然面临着来自英国国内及国际学术界的强烈质疑,特别是当它与英帝国的全球殖民历史联系在一起时。例如,在被问及关于小说的"怀旧"主题时,石黑一雄无奈地承认,"它被认为是围绕着帝国黑暗面的——怀旧的对象是帝国的荣光、舒适和奢侈——而没有考虑到帝国真实的种种代价和邪恶。所以在这里怀旧经常被看作是有点肮脏的字眼"。与帝国历史相关联的"怀旧"在很多英国人看来,意味着刻意遗忘殖民时代所造成的痛苦和剥削,他们认为那段历史应该被绑在耻辱柱上,而不是拿来瞻仰。

在西方文学中,"怀旧"可以追溯到荷马史诗《奥德赛》。主人公奥德修斯出场的第一个形象,就是他独坐在羁留的小岛上哭泣,怀念着自己的家乡伊萨卡岛(Ithaca)。即使女海神卡吕普索(Calypso)用尽方法引诱他,答应成为他的情人、使他长生不老,而且预言其归途将充满艰险,但奥德修斯仍义无反顾地踏上了归家的旅途。由《奥德赛》产生的"怀旧"主题和"归家"叙事,形成一种文学元素,它跨越千年,延续和生长于近代、现代和当代诸多的作家作品之中,例如劳伦斯·斯特恩(Lawrence Sterne)的《项狄传》、詹姆斯·乔伊斯(James Joyce)的《尤利西斯》、普鲁斯特(Marcel Proust)的《追忆似水年华》,以及托妮·莫里森(Toni Morrison)的《宠儿》,等等。

但文学作品中怀旧主题的存在和发展,并未改善"怀旧"这一概念在学界——特别是文化批评界——所受到的批判和冷遇。如果说17世纪的医生们把怀旧作为一种心理疾病或生理疾病,那么如今的学者们则越来越把怀旧作为一种"社会病"。它被认为"轻则带来对矫揉造作和所谓传统的迷恋,重则导致了法西斯主义";"怀旧就是孤陋寡闻、极端保守甚至是排外";它已经"成为展望未来的知识分子们——不论右翼、左翼还是中间派——最为讨厌的东西"。"怀旧"非常不幸地成为批评家眼中诸多历史问题与社会问题的替罪羊。同时,与过去二三十年中记忆研究越发热门形成鲜明对比的是,对怀旧的关注却严重不足。似乎只有记忆才是关于亲密的个人体验,而"怀旧则意味着那些根据资本主义或民族主义利益被灌输的、不地道的、商品化的体验"。美国文化批评学者贝尔·胡克斯(Bell Hooks)也坚持认为,记忆研究一定要严格地排除怀旧,她倡导"记忆的政治化,它必须把怀旧从记忆中区分开来,怀旧是一种徒劳的、渴望某物回复其往日样态的行为;而记忆却可以阐明并改变现状"。

可见,不论是在个人层面还是国家层面,在学术界还是日常生活中,在文学领域还是政治经济领域,"怀旧"都是一个有着相当多争议甚至贬义的词。所以,当石黑一雄在《上海孤儿》中尝试为"怀旧"这个日渐蜷缩在角落的概念注入人性的理想主义和积极的行动力时,他是在以自己的文化勇气为小说打造一个独特的灵魂,并带领读者返回那个时代去寻找打破资本主义全球殖民体系的希望。石黑一雄在访谈中说:

> 我一直试图为作为一种情感的怀旧辩护,因为我认为它可以成为我们生活中一种相当有价值的力量。我了解为什么怀旧总体来说名声不好,特别是在政治和历史层面。但是纯粹的怀旧情感是我们时常感受到的相当有价值的东西。……我感觉我正试图捕捉的怀旧可以成为一个积极的事物:它是理想主义的情感对应物……它是某种像伊甸园一样的记忆。那时你还在幼年的"气泡"中,成年人和父母都让你相信世界是一个更好、更美的地方。然后,当然你在某个阶段走出那个气泡……世界并不是如你曾想象的那样美好。
>
> 但是我们所有人,即使我们走出了那气泡之后,仍带着那早年的一些残留。那经常表现为对我们孩童时代的一种怀旧感。是的,我们记得那些更加天真、更加纯真的日子;但同时,也许怀旧是一种想象另一个世界的可能性。这个世界比我们现在所不得不居住的世界更加纯净、更少缺陷。……它可以让我们在情感上坚守一种感觉:事情应该、也有可能被修复。我们可以向一个更好的世界摸索着前进,因为我们已经体验过它;我们携带着那个世界的久远记忆,哪怕这种记忆和图景存在瑕疵。我们感

到也许我们可以返回到那个世界。当然,结果可能是十分积极的——人们会去追寻一份积极的使命或者某种理想主义。

此处,石黑一雄萃取了"怀旧"中的情感因素并将之提纯,去除了个人的软弱怯懦,加入了积极行动的使命感;去除了帝国的自我中心和优越感,加入了让世界回复到真与美的富有人性的理想主义。小说通过班克斯,反映出人性中具有的这一情感属性:残酷的现实会迫使人们在心理上怀念并求助于记忆中更美好的过去,从中寻找真理或是某种改善或改造现状的可能性。此处,石黑一雄实际上是在讨论由当代批评家弗雷德里克·詹姆逊提出的一个观点,即人类激进的、革命性的行动,往往起源于其早年生活中精神上的满足和幸福。这些行动因此与记忆和怀旧有紧密的关系:

> 现在,乌托邦思想的源头变得清晰了,因为正是记忆充当了内部和外部之间、心理和政治之间的最为重要的协调者……这是因为在生命之初,我们已经知道了一种精神上的满足感,……知道记忆会担当起它在疗救上、认知上甚至政治上的重要角色……革命性行动的最基本能量,来自于对一种古老幸福(a prehistoric happiness)的回忆。而个人如果想要重新拥有它,只有通过它的外化(externalization)、通过在全社会范围内将其重建才能实现。

没有记忆和怀旧,人类在很大程度上就没有乌托邦以及相应的革命性行动。徐葆耕也指出,"文明的进步使人类升华,但每一种新的文明又注定成为人类进步的枷锁;每当这时,人类就渴望回复到远古,回到那蛮荒时代去寻找被近代文明阉割了的原始的力量和美"。更何况历史告诉我们,人类文明是呈螺旋状上升发展的,它时常会与人们的美好预期背道而驰。这就更需要那种以变革为指向的怀旧,在精神上和行动上激励人们复归往日的美好,将失控的现实文明拉回历史的螺旋轨迹,达至一个更好的世界①。从这个角度看,《上海孤儿》是在试图重新建立怀旧与革命和乌托邦之间的联系。

在共同体层面,人性的这种怀旧倾向也有所体现。例如,当代学术界对传统共同体的研究热潮,在一定程度上体现着人们对传统共同体的某种回归渴望,因为它给成员所带来的精神上的稳定感和安全感,是当代人最为缺乏的,也往往是现代共同体无法长期给予的,因为后者需要不断地、定期地更新成员与共同体之间的"滚动契约"。所以怀旧与共同体是天然的同盟,有着精神上的契合。对于班克斯来说,怀旧不仅包含了他对往日的真切情感,更是他曾经生活过的那个更美好的世界、一个让他在其中感到安全的共同体。在《上海孤儿》中,怀旧和共同体具有同一性:曾经的美好世界和共同体是怀旧的肉身,而怀旧是前两者的情感对应物。

班克斯沉湎于童年时代的美好世界,试图在上海找回父母好友并恢复往日的生活,这些努力虽然在个人层面上具有虚幻性,但在文化情感层面上却是小说的要旨所在:它们象征着打破资本主义全球殖民体系的希望和冲动。班克斯寻找父母的所作所为是在怀旧情感的驱动下,在个人层面上重塑世界的尝试。

怀旧可以提供改善现状的愿景,因为它不总是关于过去的,它也可以向前看,"它对未来的实现有着直接的影响"。很多当代作家或作品"都希望借助怀旧的一种特质——它将想象、渴望和记忆互相交织——展望小说中社会难题的解决方案,诸如分裂和失根等"。对于这些作家和作品,怀旧提供了一个伦理理想:怀念已经失去的想象中的家园,不是为了悲叹和自怜,也不只是为了通过语言恢复往日纯真的世界,而是因为怀旧提供了一种方式,可以通过它建立小说人物与读者都可以接受的伦理目标,以服务于当下和未来。正如石黑一雄所说:

---

① 这一规律在文学史中也可以得到证实。如文艺复兴总体上是对古希腊文化某种程度上的精神复归和怀旧,新古典主义运动是对古罗马文艺的某种精神复归和怀旧等。文艺复兴和新古典主义运动都是文学发展史上不可或缺的环节,它们成就了世界文学史螺旋发展和上升的一段美妙曲线。

第三章 《上海孤儿》：资本主义全球殖民体系中的共同体危机

当我们走进这个更大的世界，发现有肮脏的事情、困难的事情。有时候也许我们仍然还记得一些孩童时代的更加纯真的看法，并且我们有一种冲动去重塑这个世界，治愈这个世界，让它成为我们小时候所认为的样子。

所以，最近这本书（指《上海孤儿》，笔者注）是关于某人十分突然地失去了自己童年时的天堂花园。多年以来，随着他的成长，也许是无意识地，他的人生目标就是要修复当年的那些错误，那样他才能继续前行。

一旦赋予"怀旧"以重塑世界的意义，那么小说标题中所说的"孤儿"就可以指每一个已经长大并进入这个真实世界的人，而小说就成为对每个读者的呼唤，呼唤他们反思自己所生活的世界，呼唤他们追寻自己曾生活过的更美好的世界，呼唤他们行动起来去重塑这个世界。并且，小说自身也是一次在虚构层面上刻画曾经的美好世界、重塑当下残酷世界的实验。

一方面，班克斯幼年时生活的上海租界被描写为一个更加美好的世界。当然，小说此处绝不是为历史上的殖民租界唱赞歌，而是通过它寄予了一种理想主义的图景。石黑一雄的祖父曾在旧上海居住过一段时间，作家幼年时一定听祖父说起过上海的故事。在石黑一雄看来，20世纪30年代的上海是一个多元文化混杂与融合的舞台，"那是旧上海的黄金时期……那里不同的外国社群生活在一起：英国人、美国人、法国人和日本人……逃避俄国革命的俄罗斯难民在那里定居。来自欧洲的犹太人也在那里找到了避难所"。这对于立志创作"国际小说"的石黑一雄来说，正是一个再理想不过的故事背景。他通过大量的文献阅读和研究发现，旧上海是一个充满文化魅力和怀旧气质的场所。当时的上海人"理所当然地认为他们的共同体将会永远存在。他们言语间会十分细致地告诉你哪里能够吃到意大利通心粉，哪儿可以找到最好的裁缝，或者哪里有家很好的夜总会。他们谈论这些事情就仿佛它们是被刻在石头上。当然，你在读这些资料的时候很清楚地知道，要不了几年，所有这一切就会被抹去。这其中就蕴含着一种辛酸。

不论是在族群构成方面,还是在精神气质方面,当时的上海都具有一定程度的多元文化色彩。小说把这一切聚焦于外国租界,从而把这个历史的负面产物改造为承载着文化多元与包容的正面载体。通过它,小说在当时全球殖民体系的内部,寻求和发掘未来更美好世界的可能性。那个曾经的上海租界,虽然是帝国时代的侵略和殖民产物,但对班克斯来说,却可以成为各种文化背景的人和谐相处、彼此尊重的一个场域:在那里,罪恶的鸦片贸易受到班克斯母亲和菲利普叔叔的正义谴责;年幼的班克斯在中国佣人李梅的悉心照料和督促下学习成长;虽然班克斯和哲在文化偏见和他者想象的驱使下偷窃仆人田岭的药水(一瓶在哲的想象中能够将人的手指变为蜘蛛的药水),但其行为立即受到哲的姐姐的严厉责备,而赃物本身的无害也证伪了这些文化偏见和他者想象。

总之,班克斯记忆中的上海租界被刻画为一个各种族各文化和谐相处,正义得到伸张、偏见得以纠正的场域。这也许是石黑一雄典雅矜持、冷静客观的写作风格之外,一点点"意外"的情感流露:如果这样源于侵略与不公的土地都有可能生长出人性良善的花朵,那么还有什么地方是不可以实现这个理想的呢?作为生活在英国的日本裔移民后代,石黑一雄从自身经历以及早期作品受到的评论中痛感英国人对东方人的偏见。他也一定希望未来的世界是一个各种族各文化可以彼此尊重、和谐共处的世界。小说中的上海国际租界成了这个理想的化身。虽然这样的设置和描写可能与历史事实并不完全相符,甚至可能会因此冒犯一些读者,但从更高的国际文化层面来看,它象征着一个人性的理想主义和国际主义的图景,以及一个多元文化共存的更加美好的世界。

另一方面,小说在上海租界这个小天地中表现了一种纠正错误、重塑世界的人性冲动和尝试。首先,班克斯把拯救世界和拯救父母并论,虽然有个人的怀旧情感和欧洲中心主义在其中,而且班克斯并不具备客观的自我认知和看清当时全球殖民体系的眼光,但不能否认的是,他所察觉到的这种个人与世界的联系是存在的,即父母的失踪是与整个世界的问题息息相关的:是整个世界出了问题,是全球殖民体系畸形而失控的发展造成了他的家庭悲剧。虽然班克斯缺乏正确深刻的理解,也没有高屋建瓴的眼光,还由于欧洲中心主义的优越感而盲目自信,但是他返回上海找寻父母的行动本身,客观上构成了对这个全球殖民体系的挑战:他没有安于现状,而试图去发现真相、解决问题和试图让这个世界变得更好。因此,班克斯的上海之行在可叹可悲之中却蕴含着积极的因素。

其次,前文提到小说从孩子的认知角度,戏仿了对中国人的文化偏见以及他者形象的形成过程。例如,哲通过对家里佣人田岭的恐怖想象,将其描述为一个专门收集人的手指以培养蜘蛛的可怕巫师。为了证明自己对田岭的恐惧并非没有根据,哲还与班克斯一起偷窃了田岭的一瓶药水。这件轶事可以理解为《上海孤儿》对资本主义列强掠夺殖民地人民的戏仿,而班克斯和哲的联手——虽然未免言之过重——则是一种"列强之间勾结的隐喻"。

尽管对偷窃很后悔,但孩子们再也没有机会去纠正这个错误,因为他们打算悄悄归还药水的那一天,班克斯的父亲失踪了。这或许原本是巧合,但班克斯在回忆中却领悟到这件事与自己的不幸可能存在某种联系:"那时哲和我犯下了我们小小的盗窃罪——那是在我们兴奋劲之下的一种冲动的行为,其深远影响我们完全没能预料到。"班克斯始终对这次没有得以纠正的偷窃行为耿耿于怀,似乎感到父母的失踪与自己未能将药水物归原主存在某种关联。因此,当他在上海最终找到可能关押父母的院子时,班克斯十分明显地将这次行动,作为孩童时代未完成的物归原主行动的补偿或继续。在进入院子之前,班克斯告诉哲:"我们要一起进去,胳膊挽着胳膊,就像那次一样,进到田岭的房间。你记得吧,哲?"班克斯之所以如此,是希望以这种方式在象征层面弥补过去的偷窃行为,修复这个自我创伤记忆的原点,继而走出创伤;而小说则将班克斯归还药水的冲动和行动,隐喻为纠正和补偿殖民地人民所遭受的不公:

> 那瓶药水对班克斯有明显的象征意义。他相信只要"归还"了它,父母就会以某种方式被还给自己。……似乎这个补偿的问题还有更加广泛的象征意蕴。既然它暗喻了帝国主义的侵

略,那归还瓶子在心理层面上的重要意义就提出了这样一个问题:一种非掠夺性的、除去了现存的结构上的不平等的世界秩序应该是什么样的……我相信,从班克斯的抱负中,从他想要归还药水的愿望中,可以读出挑战当前新自由主义经济秩序的迫切必要性,这一点并不牵强。

可以看到,《上海孤儿》通过情节发展(班克斯的母亲成为殖民体系和鸦片贸易的受害者)和主人公的心理直觉,突出了这样一个观点:全球殖民体系造成的不公和罪行如果得不到纠正,殖民者不仅会失去灵魂的安宁,而且还可能失去对这个体系的控制,最终自己也沦为受害者。所以,班克斯归还瓶子的愿望"在观念的层面呼唤这样一种行动:即要超越当前剥削性和侵占性的体制状况"。只有付诸行动,尽可能地纠正和弥补全球殖民体系造成的危害,整个世界和殖民者自身才能获得救赎。

班克斯进入战争废墟中心的院子时,内心将这一行动和补偿往日的偷窃行为相关联,他的这次行动因而成为将观念和隐喻层面的救赎付诸实践的尝试。虽然最终并没有找到父母,但班克斯在进入院子、完成冒险、发现真相之后,他身上发生了某种变化:其原本自我中心的、显得不真实甚至荒诞的叙述,在很大程度上恢复了正常——他似乎从这一行动中得到了某种净化。当然,班克斯与《远大前程》中的皮普一样,在面对真相时几乎精神崩溃(所以班克斯会荒唐地拿放大镜研究院子里被炸死的中国人尸体,并继而对"哲"大喊大叫)。但崩溃过后,他终于能够客观而坦然地面对自己早已逝去的童年世界;他不再单纯凭借怀旧情感和想象来认知周围,继而在心理上、情感上和认知上开始看清这个世界,例如,他平静地向那位日本军官承认,并不能确定之前和自己在一起的日本兵真的是"哲"。班克斯的种种行动和改变,正是《上海孤儿》展现给读者的重塑自身、重塑世界的希望和行动力。

这种希望和行动力是源自人性良善因素的自然冲动,石黑一雄称之为"回到往日,纠正错误"(to go back, and to fix things)。它既是一种人性的理想主义,又包含了行动的可能;既可以在个人层面重塑我们自己,也可以在经济、政治和文化层面重塑这个世界。当小说以标题 *When We Were Orphans* 向每位读者发出呼唤时,就不仅仅是动人的修辞,而是在他们内心召唤出思想共鸣的火花。小说因此超越了主人公个人的回忆与怀旧,成为每位读者反思现状、向往一个更好世界并汲取行动力的作品。

第四章 《千万别丢下我》：
突破小共同体之茧

　　石黑一雄于2005年发表了自己的第六部长篇小说《千万别丢下我》。小说大胆尝试了科幻和克隆人的新题材①，出版后引发评论热潮，并入围当年的布克奖最终名单。

　　本章将把科恩的共同体符号性构建研究方法与罗伯特·雷德菲尔德的"小共同体"概念相结合，来讨论《千万别丢下我》的主人公凯茜和好友汤米、露丝等人在克隆人学校黑尔舍姆（Hailsham）构建共同体的方式。这个共同体在很大程度上是一种传统的"小共同体"；

---

① 关于小说的确切文类（genre），学术界存在争议。对于将这部小说归类为科幻作品的观点，有不少批评家提出质疑。比如沈伟纠认为小说缺乏一般科幻作品对克隆人技术细节的描写，缺少科幻小说那种无所不在的科技感。他认为从这个角度讲，《千万别丢下我》"打破了文类的常规"；马克·吉恩（Mark Jerng）也以小说缺乏对技术细节的渲染而称之为"半科幻小说"（quasi-science-fiction），他认为小说的克隆题材只是作者为处理特定的人物关系设定的背景；安迪·索亚（Andy Sawyer）认为《千万别丢下我》是一部典型的"局外人科幻"（outsider science fiction）。所谓"局外人科幻"是指这样一些小说，它们"利用与该小说文类相关的一些主题、场景和意象，去探索与其他主流文学更加相关的议题"。与这类作品相似的还有所谓的"悬测小说"（speculative fiction）。"悬测小说"也描写未来之事，但也不是通常意义上的科幻小说，"尽管含有科幻成分，但具有丰富的文化内容"。这类作品中比较知名的有玛格丽特·阿特伍德的《使女的故事》（1985）和《羚羊与秧鸡》（2003）等。面对学术界的争论，石黑一雄处之泰然。他说："这些标签（例如'科幻小说'）并不让我太担心……如果你喜欢，你可以叫它科幻小说，因为我毕竟使用了一个科学的框架，或者背景……我不太担心文类和范畴。我会使用我所能用的一切。"

黑尔舍姆学生们的所谓"特权"是其构建符号；凯茜们凭借对这个符号的诠释，将自己与底层克隆人群体区隔开来；同时，人类社会对克隆人的压制政策又将凯茜们拒之门外。因此，处于底层克隆人群体和人类社会之间的悬置性，成为黑尔舍姆小共同体的重要特征，它贯穿了黑尔舍姆的诸多方面，如教育策略、学生的自我认知以及他们与人类社会的关系，等等。黑尔舍姆的所谓"特权"最终证明是虚幻的，面对共同体构建符号的消失和随之而来的解体危机，凯茜和汤米勇敢地转变自我认同，融入了底层克隆人这个更大却更弱势、更受不公待遇的他者群体，给底层克隆人带去了更多的反抗不公命运的可能性。这其中蕴含着主人公从狭隘的自我优越感向他者伦理转变的精神内核，体现着小说的深层伦理关怀。更重要的是，通过汤米和凯茜的伦理选择，小说凸显了走向更美好的共同体生活所必需的条件：突破内心可能存在的狭隘之"茧"的勇气，以及对他者的伦理关怀。小说就如何在个人的独立思考与共同体的安全感之间达到一种动态和良性的平衡，提供了发人深省的思考。

小说女主人公凯茜以温婉节制却情感暗涌的语言，将自己从黑尔舍姆的一名学生到克隆人捐献者看护员的人生轨迹娓娓道来。她围绕着与好友露丝和汤米之间分分合合、婉转幽怨的故事展开叙述，追溯了自己和友人从"学生"到"看护员"，再到"捐献者"，直至生命"终结"的克隆人生命轨迹。小说结尾处，黑尔舍姆前任校长向汤米和凯茜揭示出克隆人的真正命运：凯茜和露丝、汤米乃至所有克隆人的命运早就被人类安排好了，其存在的唯一价值就是为人类提供活体移植器官。面对突然降临的绝境，凯茜和汤米虽内心煎熬，但他们表面上似乎都选择了平静地接受命运。小说的克隆题材和引发争议的情节引起了批评界的普遍关注。评论大致分为两个方向：其一是对小说情节的讨论，分析和批判克隆人为何面对压迫却缺乏反抗（实际上，凯茜和汤米对不公的命运是坚决反抗的，只不过是通过另一种方式而已）；其二是认为小说借克隆人的境遇讨论人类自身的生存状况。

在第一类评论中，菲利普·亨舍质疑为了四次器官捐献而对克隆人进行昂贵的人文教育，经济上是否合理、有无必要？为何他们在知道自己的命运后不逃跑？厄尔·因格索尔不满于"这些'学生'在愿意作为'活的'人类零件方面所表现出来的温和与可塑性,……难以接受这些'学生'对其可怕命运的毫不质疑的默认"。马克·吉恩则"断定这些学生不是人类,因为他们不反抗",他们不具备人性中生而具有的反抗压迫的能动性,不能算是"完全实现了的人"。在这些评论看来,小说中的克隆人缺乏真正的人类所应具有的主体性、能动性和反抗性;他们在明显具有压迫性的体制面前显得被动、消极和顺从,其思维方式和行为模式的价值存在疑问。

相对地,国内诸多学者,如郭国良、李春、步朝霞以及台湾学者王景智等人则把黑尔舍姆的生存境况看作是人类自身的写照,并从存在主义的角度分析小说中克隆人面对死亡宿命和对抗生存虚无的策略。郭国良和李春指出小说实质上讨论了人类生存的本体论:向死而生,即克隆人在不可抗拒的外界环境下仍试图活出自由和尊严。步朝霞认为克隆人以坚忍的态度面对不能摆脱的生存困境,"通过克隆人的故事将死亡与生命并置展示,迫使人们面对日常生活中千方百计逃避的话题——人必有一死"。她认同凯茜以珍惜和分享个人记忆的方式对抗生命的虚无。王景智也同意小说是关于人类自身的寓言,指出克隆人生命的意义来自于他们对自己命运的认知和把握,只有认清自己对于人类的"陌生人"身份,才能在彼此间形成一种"陌生人的共同体",找到安慰和安全感,以对抗无家和绝望。

以上两类评论均有不足和局限。前一类把克隆人被动无助的一面推至极端,完全忽视了主人公在面对有限的人生选择时表现出的勇气和尊严。石黑一雄在谈到该小说时,也认为克隆人面对死亡宿命,"可以找到力量来制造小小的幸福和体面"。后一类评论则走向了另一极端,夸大了克隆人的选择空间和生存可能。他们能够平静地面对捐献至死的宿命,或者凯茜能够有选择看护对象的自由,不足以证明他们的生存呼应了存在主义的要义。存在主义的核心在于强调人的自由选择对自我存在的塑造作用,即"存在先于本质"。该理论强调"把自己存在的责任完全由自己负担起来",其前提是人的生存权和选择自由权得到保障,因而它是一种在相对自由的语境下的生存哲学。而小说中的克隆人,不论他们是在学校还是在人类社会中，都没有多少塑造自己人生的选择自由，他们的人生路径已经被限定了。以其基本的行动自由为例，克隆人一旦试图逃跑或者只是越界，就会受到学校乃至人类社会霸权的强力压制。黑尔舍姆四周建有一圈藩篱，学生中也流传着私自翻越者必死的恐怖故事。毕业成为看护员后，克隆人必须每天签到，而且小说暗示凡是克隆人所在的地方，不论是学校还是康复中心，四周总围满了铁丝网。在这种严厉的纪律规训和管制措施之下，对其行动的监视和限制已经内化为克隆人自我意识的一部分：从黑尔舍姆毕业后，凯茜、露丝和汤米其实开始享有一定限度的人身自由，但他们自始至终没有产生过逃跑的想法。克隆人的这种被内化到自我意识中的不自由，以及对所受监视和限制的认同，比彻底地失去人身自由更为可悲。

从小说人物的外部视角讨论《千万别丢下我》，难免会陷入以上两种对立的评论之中：要么认为克隆人不反抗命运而缺乏主体性，要么牵强地为其主体性辩护。为摆脱这个批评困境，本章选择转换视角，把焦点转移到克隆人的内心世界以及该群体的内部关系。从内部视角看，他们在自我认同与共同体构建层面的自由是外部世界无法剥夺的，从而构成其选择自由的基础。首先，小说中存在多种身份群体：以"监护人"为代表的人类社会、黑尔舍姆学生群体以及更加广大而不幸的底层克隆人群体等。其次，黑尔舍姆学生虽然在自身命运上无从选择，但这并不影响他们彼此之间的认同，反而促使他们因为共同的宿命而凝聚在一起。同时，黑尔舍姆提供的良好教育，为他们构建共同体提供了充分的文化和心理条件。总之，从主人公内心共同体构建的层面来讨论小说，更加契合其自传式回忆的叙述形式和以个人情感体验为主的叙事内容，也更加符合克隆人的生存状况。我们将把科恩的共同体理论与雷德菲尔德的"小共同体"概念结合起来，讨论主人公凯茜和好友汤米、露丝等人在克隆人学校黑尔舍姆这个特殊环境中构建共同体的方式。

第一节　黑尔舍姆小共同体

　　主人公凯茜现年 31 岁,做看护员已有 11 年。凭借其在看护工作上的杰出表现,从 6 年前开始凯茜可以挑选自己的看护对象。她心中一直怀有黑尔舍姆情结,在看护对象上总是"挑她自己那一类人",即来自黑尔舍姆和其他特权克隆人学校的人①。

　　在凯茜的回忆中,黑尔舍姆是自己和好友露丝、汤米共同度过童年和少年时光的家园,是他们相对美好的童年与少年生活的全部。从社会学角度看,黑尔舍姆算得上是一个典型的"小共同体"(little community)。社会学家罗伯特·雷德菲尔德在其 1956 年的学术专著《小共同体》(*Little Community*)中,把人类历史上自然形成的村落和小镇,看做传统型共同体的一种,称之为"小共同体",并认为它们"在整个历史上,正是人类生活的主导形式"。

　　作为一种传统共同体,小共同体的标志性特征有四个:区分性(distinctiveness)、小规模(smallness)、同质性(homogeneity)和自足性(self-sufficiency)。"区分性"意味着"共同体从哪里开始,到哪里结束是明确和清晰的……这种区分性在外部的观察者看来是一目了然的,并且在共同体成员的集体意识中得以表现"。也就是说,不论是对共同体内部成员还是对于外人,都可以简单明确地彼此区分。所谓"小规模",是指小共同体以村镇为代表形式,它"是如此之小,以

---

　　① 此处的英文原文为 "people from Hailsham, or one of the other privileged estates",朱去疾的翻译为"来自黑尔舍姆或者某个其他特权阶层的人",根据上下文语境和对整部小说的理解,克隆人群体中并没有"特权阶层"的概念。此处的"privileged estates"应指小说中提到的除黑尔舍姆以外的其他两所同类型的"享有特权的"克隆人学校,分别是格伦摩根之家(Glenmorgan House)和桑德斯信托所(The Saunders Trust)。

至于在其成员的眼中,它就是一切"。而且,"它给共同体内的人提供所有的或多数的活动与需求",这也就是其"自足性"。小共同体可以满足其成员一生不同阶段的需求,是一种"从摇篮到坟墓的安排"。所谓"同质性",是指成员的"行为和思想状态在相应的性别和年龄之间十分相像",并且在代际之间可以在很大程度上重复再现。

小说中的黑尔舍姆克隆人学校几乎完全对应了这四个特征。首先是"区分性"和"小规模"。黑尔舍姆坐落在一个幽静的山谷中,校园空间不大,从主教学楼上就可以俯瞰整个学校。校园周边围着铁丝网,胆敢越过铁丝网的克隆人学生将被开除。而且,黑尔舍姆与外界在人员和物资上几乎是完全的物理隔绝。在凯茜的回忆中,除了定期来学校收集学生手工和绘画作品的玛丽·克劳蒂夫人,学校很少有其他外人进入。至于外界的物品,也只有在每年的"拍卖会"期间学生们才能接触到。这些物品往往是人类社会的废弃品,局限在日常生活用品,比如旧文具、旧磁带,品种和数量都相当有限。小说的标题就来自凯茜在拍卖会上得到的歌手朱迪·布里奇沃特专辑中的一首歌名。另外,从学生的人数看,学校的规模也很小。凯茜回忆中提到的这一届学生共计只有 37 人。他们在认知上也与外界隔绝,以地理课为例,他们仅能通过地图和带有照片的挂历学习关于英格兰诸郡的知识;小说中除了英国和美国,没有提到过其他国家。以上证据表明,黑尔舍姆规模小、学生少,且他们与外界在物理上和认知上均高度隔绝和封闭,区分性十分鲜明。

其次,黑尔舍姆在物质生活和文化生活上自给自足的程度很高。这与学校的"交易会"制度紧密相关。学生们在这里受到良好的艺术教育,课程涵盖文学、绘画、手工制作等多个方面。学生的课程作品除了被挑选出来供夫人带走之外,其余的都留到黑尔舍姆每季度一次的"交易会"。会上"展出和出售上一次交易会之后三个月以来我们制作的任何东西:油画、素描、陶瓷制品,用当时风靡一时的物品制作的各式各样的'雕塑'……交易会是我们唯一能够收集个人藏品的手段。如果你想装饰一下床边的墙壁,……那么你应该可以从交易会上找到这些"。

学生们的许多日用品和几乎全部的私人珍藏物件都来自交易会

期间的彼此物物交换。不仅是各种日常手工制品,甚至油画、素描、诗歌之类的艺术和文学作品也在交换之列。可见,这种自给自足不仅是物质上的,与日常生活相关;也是文化上的,与精神生活相关。黑尔舍姆的学生们必须如此全方位地相互依赖,以致他们作品所展示出的创造力,决定了其在群体中的价值和人际关系:

> 我现在也能明白,交易会何以对我们大家产生了更加微妙的效果。想象一下,可能成为你个人珍藏品的物件要依赖彼此的制作,那交易会必定对你的人际关系发生影响。……在黑尔舍姆,许多时候你被人如何看待,你如何受人喜欢或者尊重,必须取决于你"创造"得多棒。

可见,黑尔舍姆学生们的自给自足意味着他们生存的基础、生活的质量、珍视的物件以及彼此的情感纽带等,都须依赖自己的创造性劳动。他们崇尚创造力,并将它与自己在黑尔舍姆的个人价值和人际关系等诸方面联系起来。这使得黑尔舍姆成为一个全方位自给自足的体系,其中包含了物质生产、文化生活、人际关系和精神纽带等方面。或者可以说,是学生们彼此激发出的创造力支撑着黑尔舍姆。凯茜的好友露丝认为"这就是黑尔舍姆那么特别的原因之一,我们就是那样受到鼓励来尊重彼此的工作"。

前一段引文中的"个人珍藏品"(personal treasures)这个词组,体现着学生们对彼此劳动成果的尊重和对自己藏品的珍视。它们似乎成为瓦尔特·本雅明所说的带有"光晕"的、凝聚着制作者生命力的、只此一件的真正艺术品。而学生们手工制作过程中的精雕细琢,也完全不同于现代工业的批量生产。相比于市场经济所强调的交换价值,学生们更重视日常生活中的使用价值和个人收藏中的艺术价值与情感价值。这种生产方式和交换制度本身就体现着一种传统的前工业革命时期的经济形态,契合了雷德菲尔德对"小共同体"的定义。

另一方面,这种集日用、收藏和精神生活为一体的物物交换也孕育了学生们之间最为亲密的交流。他们生活的各个方面都通过彼此的体力或脑力劳动成果相互交织和依赖,并以此为基础形成自身价值判断和身份认同。相比于人类,黑尔舍姆学生们的身份感不仅来自于他们共同的居住地和生活方式,而且是基于他们在日常生活和私人空间的彼此依赖所产生的情感纽带。黑尔舍姆的交换制度"一方面培养了学生的艺术创造能力和个人价值感,让学生意识到艺术创造的重要性;另一方面有效地培养了集体认同感,因为他们必须依靠彼此,以创作出可能进入个人收藏的物品"。作品被选入克劳蒂夫人的收藏固然光荣,但它们能够被同伴们所使用、所珍藏,才是这些作品的真正价值所在,因为正是日常生活和个人空间的彼此依赖,才毫无疑义地使学生们的生命体验交织和凝聚在一起。这种扎根于日常的紧密的人际联结,以及由此产生的亲密情感和集体认同感,正是共同体的构成要件。

可见,由于封闭的环境条件、自给自足的交换制度和学生之间紧密的物质和情感联结,黑尔舍姆构成了一个传统意义上的小共同体。滕尼斯、鲍曼和科恩等理论家的看法,也从各自角度印证了这一点:黑尔舍姆是"小的、稳定的,并且人们……彼此全面了解",成员之间存在"天然的亲和性和亲密关系"(affinity and consanguinity),能在相当程度上自给自足;"共同体完好无损的一致性,依赖于封锁与他们所栖息的世界之外的交流渠道",虽然这种封锁是黑尔舍姆学生被迫接受的生存条件,并非出于他们的意愿,但客观上却达到了类似的效果,它帮助形成了滕尼斯所说的共同体内部的"自然而然的共同理解",即黑尔舍姆小共同体的同质性。这个同质性在共同体内部表现为学生之间的劳动交换和情感交流;在共同体外部则表现为黑尔舍姆与人类社会和底层克隆人之间分别存在的体制区隔和文化心理区隔。这些区隔使得黑尔舍姆小共同体成为一个悬置于人类社会和底层克隆人之间的存在,并因自身之"小"和缺乏成员的流动性而显得格外脆弱。

第二节 黑尔舍姆共同体与外界的区隔

黑尔舍姆学生与人类社会的关系很微妙。凯茜、露丝和汤米即使受到后者的工具性利用和强权压迫,并面临着"捐献"器官至死的悲惨宿命,但他们在不知实情的情况下仍对人类社会抱有幻想,甚至心向往之,希望能凭借自己作为黑尔舍姆学生的"特权"融入其中,过上正常人的生活。这种不切实际的幻想面临现实的铜墙铁壁:人类在自己与他们之间早已设立了不可逾越的鸿沟。另一方面,对于命运比自己更为悲惨的底层克隆人群体,黑尔舍姆的学生们却也始终与其划清界限,认为自己与他们在身份、教育和未来命运等诸多方面完全不同。正是这些构建出来的差异,在文化心理层面和符号层面保证了黑尔舍姆"特权"存在的可能性,维持着凯茜们对人类社会和对自己未来的幻想。

一、黑尔舍姆共同体与人类社会

与黑尔舍姆这个传统共同体不同,小说中的人类社会是个彻底的消费社会,其消费模式已经发展到克隆人类自身并吞噬其生命的极端程度。学生们毕业后离开黑尔舍姆去"村舍"①进修,以及日后成为"看护员"乃至进入"捐献"程序,都是现代消费社会专业分工与工业化生产模式的体现或隐喻。在被人类社会强制压缩为不到四十岁的生命中,克隆人要扮演两种工具性角色:"看护员"和"捐献者",后者分四次捐献出自己的全部内脏器官供人类病人使用;前者则负

---

① 克隆人离开其培养机构之后,会转入叫"村舍"的机构,度过他们进入"看护员"阶段之前的一个过渡时期。

责照看后者,直到职责期满自己也成为"捐献者"。小说中人类对克隆人器官的使用和消费,是以克隆人的极大痛苦为代价的。凯茜这样描述没有熬过第二次"捐献"临终之前的露丝:

> 严格说来,她还有意识,可是当我站在她的铁床边上时,她已无法明白我说了什么。我仍旧拉过一把椅子,双手握住她的一只手,每当一阵疼痛使她扭动开去的时候,我就用力捏它一下。……有一次,当她以一种似乎惊恐不自然的方式扭动身体,我几乎要叫护士多给她一些止痛药时,有几秒钟工夫——不会更长的时间——她直直地看着我,并且肯定知道我是谁。那是捐献者在令人恐怖的挣扎中有时候会有的一瞬间清醒……

如果说"捐献者"遭受的是肉体上的残害和痛苦,那么"看护员"则在精神上忍受着难以想象的折磨。他们每天要面对的是同伴们"捐献"后的痛苦万状,唯一可能的正能量是他们对往事的回忆;他们往返于几个康复中心之间不辞辛劳地照料,这在让他们筋疲力尽的同时,还使其经受独来独往的孤独,从而将他们一点点在精神上耗尽。汤米和露丝之所以选择不做"看护员"而直接进入"捐献"程序,正是因为无法面对这种心理和精神上的残酷折磨。

克隆人结束学生时代,成为"看护员"和"捐献者"的程序,体现了人类消费社会对黑尔舍姆小共同体的无情压榨:学生们被强行从共同体中抽离、抛入人类社会的消费体系,并完全地、毫无回报地被其榨干精神和生命。他们甚至不被看成是人,或至少不是拥有完全人性和自身权利的真正的"人":他们没有"死亡",只有"终结";他们被看作是可以生产活体移植器官的机器,而没有保护自己生命的基本权利。

黑尔舍姆正是在这样的社会体制和社会思潮背景下,为了改变现状而诞生的。创立者的初衷,如校长艾米丽小姐说的,是希望在冷漠的社会中提供一个"更加人性、更加合理"的对待生命的方式,并向世人证明克隆人拥有人类的灵魂:"如果学生养育在人道和有教养的环境中,那么他们就有可能成长为和任何正常的人类一样敏感和聪明的人。"小说中,汤米为了与深爱的凯茜一起申请延期捐献,在离开黑尔舍姆多年后重新开始练习绘画,以向黑尔舍姆的"监护人"展示自己的内心品质,这些画作表现了汤米对自身以及克隆人的某种理解:

>   过了好一会儿,我才认出它们是动物、我的第一印象就像是你打开了一台收音机的后盖所看到的:细长的血管、交叉的筋腱,微型螺旋体和轮状物都以过分的精确画了出来,只有当你把纸拿在远处看,你才能看出这是,比如说某种犰狳,或者说,一只鸟。……它们每一幅都令人感到可爱,甚至脆弱。……担心它们如何保护自己,如何捕食……

克隆人是现代基因工程技术的产品,是对人类生理的完全复制,复杂而精确;他们在心理上也与人类一样敏感、聪慧而可爱。但面对人类消费社会的强大霸权,他们又显得那么脆弱。

与他们同样脆弱的还有黑尔舍姆小共同体。学生们有朝一日离开黑尔舍姆,虽然他们心中保留了对母校的记忆和认同,但彼此分离意味着这个小共同体已经开始在形式上解体:凯茜们各奔东西,进入下一级培训机构"村舍"。积极的方面是,他们开始享有比以前大得多的行动自由:不用遵守在黑尔舍姆时的繁文缛节;他们在"村舍"期间可以去城里游玩;成为"看护员"后,他们可以在各个康复中心之间自由往来;自离开黑尔舍姆后,他们几乎不再受人类个人或组织的强制性管理,看起来似乎与正常人无异。正如评论家所言,"把他们束缚在原地的链条主要是意识形态上的或者思想上的"。凯茜们在离开黑尔舍姆后没有选择逃跑,其原因是多方面的,除了他们对自身命运缺乏足够的、明确的认识之外,还因为他们抱有融入人类社会的幻想,这使他们愿意遵守人类社会制定的规则。而要获得人类社会的接纳,他们首先必须被承认具有人类身份。

在这个问题上,他们在黑尔舍姆所受的教育是自相矛盾的:一方面,学校专门开设课程,让学生们模仿人类的日常生活和身份认同;另一方面,学校又告知学生他们与人类不同。这种矛盾教育和模糊策略造成的后果是,凯茜们在与人类关系的问题上处于悬而未决的暧昧状态。这是他们一直幻想融入人类社会的根本原因。例如,校长艾米丽小姐在每日晨会上,常常强调学生们与正常人不同,是"特殊的一群"。但矛盾的是,在学校开设的文化概况课上,学生们被要求模仿和扮演各种人类职业身份,比如律师、警察、服务员,等等。他们对人类的学习模仿已经成为习惯,以至于露丝到"村舍"后,仍坚持通过电视节目仿效人类的行为方式。另外,在两性关系这个人类文化身份的重要方面,学校也开设了基于人类两性文化的生理教育课程并格外重视,由校长艾米丽小姐亲自授课。她的性知识讲座十分开放却又十分庄重:教授的内容从性爱文化到做爱方式应有尽有。学生们被要求遵守人类社会的性行为准则。艾米丽小姐教育学生们"不对自己的躯体感到羞愧"并且"尊重自己的生理需要"。她允许学生们之间的性爱,认为"只要真的需要,那么性爱就是男女双方'一件非常美好的礼物'"。但矛盾的是,学生们如果想要在现实中实践性爱,就几乎不可能不破坏校规。男女宿舍晚九点后都禁止异性入内,教室和各个场馆关门,操场则毫无隐私性可言。监护人如果发现学生们做爱,会立刻制止并给予教育或训斥。

这一系列贴近人类社会的教育规训给学生们一种错觉:自己的身份是悬而未决的,甚至在很大程度上是正常人,因为在日后与人类社会的接触中,自己不会有任何文化上的障碍,只要遵循相应的文化规范,就有可能获得人类社会的接纳。而且他们在绘画、文学创作和手工制作等方面所展现的正常人性和创造性,也使其在文化心理上倾向与人类社会认同。

另一方面,黑尔舍姆在"捐献"问题上也采取了模糊的教育策略,这使学生们对自身命运的认知也处于一知半解的状态。关于"捐献"的说明是被加塞在性教育课上进行的。此时的凯茜们刚刚进入青春期,"在那个年纪上——我又在说我们十三岁左右的时候——我们对于性都颇为焦虑而又兴奋,于是自然地会把别的东西推入到它的背景里去"。性教育的新鲜和欢愉冲淡了"捐献"问题的严肃和沉重。同时,监护人有意选择在克隆人尚且年幼、少不更事时讨论"捐献",使他们只留下模糊的印象:似乎知道有"捐献"的存在,又不明白它到底意味着什么。"当我们长大了,监护人对我们说那些事的时候,没有一件事会让我们感觉完全意外而惊讶不已。那就像我们之前就已经在什么地方听说过所有的一切了。"可见,模糊教育策略广泛地存在于黑尔舍姆的课程体系中,如对"捐献"问题的讨论,以及前文提到的性爱文化教育和人类角色扮演课程。汤米因此得出结论:

> 在我们待在黑尔舍姆的所有岁月里,监护人很可能不论告诉我们什么,都十分小心而刻意地选择时机,以便我们总是因为太小而不能恰当地理解刚刚告诉我们的信息,可是我们当然会在某个层次上接收这个信息。这样用不了多久,这玩意儿就会全部进入我们的脑袋,而又不会恰如其分地去检验它。

露西小姐是学校中唯一对这种模糊教育策略提出批评的监护人。她愤然指责这种教育方式使学生们陷入一种"既被告知又没有真正被告知"的状态;她认为这种模糊状态会成为一针麻醉剂,使学生既对自己的命运一知半解,又对其强制性和残酷性浑然不觉。其实更严重的是,这种模糊状态还会放任学生们滋生出种种虚幻的希望,比如获得人类社会的接纳和承认。这种模糊策略原本的动机也许是为了保护克隆人,避免他们过早地接触这个世界对他们的残酷和不公。但从长远效果来看,它却造成对黑尔舍姆学生们最大的不公和伤害,造成他们对自身、对黑尔舍姆和对人类社会的种种幻想,其中包藏着有朝一日幻灭和绝望的精神危机。为了唤醒小凯茜们,露西小姐不顾被学校开除的危险向他们大声疾呼:

> 你们没有人可以去美国,没有人会成为电影明星,你们也没有人会在超市工作……你们的一生已经被规划好了。你们会长大成人,然后在你们衰老之前,在你们甚至人到中年以前,你们就要开始捐献自己的主要器官。这就是你们每个人被创造出来要做的事。

学生们对此的反应只是淡淡一句:"那又怎么样?我们已经知道

这一切了。"可见,模糊教育策略的恶果已经开始显现为学生们对自己未来命运的麻木;而黑尔舍姆课程过分注重训练他们与人类"相同"和"认同",阻碍了他们对自己独特身份的充分认知和思考,造成了其自我意识的缺失。如露西小姐所说,"如果你们想要过体面的生活,你们每一个人都必须明白自己是谁,摆在你们面前的是什么"。但可怜而可悲的是,很多黑尔舍姆学生一直活在不切实际的、终会破灭的个人幻想之中,他们有的梦想做邮差,有的希望在农场工作。露丝梦想自己未来能在一间开敞式办公室当一名公司白领。貌似巧合的是,在来自其他学校的克隆人中间,流传着往届的黑尔舍姆学长已经成功实现工作愿望的传闻,克丽西声称听说一个黑尔舍姆的女生"目前正在一家服装店工作",另有一个男生"现在是个停车场管理员",似乎只是黑尔舍姆从来不公开相关信息。这一传闻客观上也支撑着凯茜们的幻想。

为了证明梦想可以实现、身份能被承认,凯茜、露丝、汤米和来自其他克隆人学校的罗德尼、克丽西一行人去寻找露丝的"原型"(即克隆人的人类本体)——之前罗德尼发现的一名长相酷似露丝的办公室高级职员。在他们看来,"原型"代表着自己通过努力,可能在人类社会中实现的自我身份,也是他们心中梦想的印证和支持。寻找"原型"实际上是他们"对意义和正当性的饱含辛酸的追寻"。

然而事与愿违,通过近距离仔细观察,大家最终一致认为,那个职员根本不是露丝的"原型"。与失望一起降临的,是人类社会中并没有克隆人位置的幻灭感:露丝绝望地认定自己乃至所有克隆人的"原型"只可能是些"社会渣滓",是流氓、妓女和罪犯。露丝对"原型"的否定,实质上是对融入人类社会的梦想和获得人类身份可能性的彻底否定。这在某种意义上,也是对黑尔舍姆人道主义面纱之下的模糊教育策略的极端失望、愤怒和控诉。这种幻想与现实之间的落差所带来的绝望感和自卑感并非个例,凯茜对此也曾有深刻体会。她曾在色情杂志的模特中间寻找自己的"原型",以解释自己难以抑制的情欲。露丝寻找"原型"的事件是小说中黑尔舍姆学生与人类关系的转折点:他们终于开始认识到自己与人类在身份上的巨大鸿沟,其融入人类社会的幻想就此破灭。

更让凯茜们没想到的是,人类社会从未打算承认克隆人的人类身份或接纳他们。克劳蒂夫人告诉前来请求延期"捐献"的凯茜和汤米,整个人类社会只是把他们作为活体移植器官的来源,用以医治原本被认为无法治愈的癌症、运动神经元疾病和心脏疾病等。无论人们对克隆人的存在和境况感到如何地不安,他们压倒一切的考虑就是他们的孩子、配偶、父母和朋友。很多人"宁肯相信这些器官是无中生有而来的,或者最多也就是相信它们是在什么真空中培育出来的"。人类绝不会放弃医治绝症的机会,重新回到黑暗的往昔。为了逃避良心不安,人类有意将克隆人遗忘在阴暗的角落,漠视和遗忘其存在,并竭力说服自己克隆人"还不足以成为人类,所以这没关系"。

小说暗示进入"捐献"或成为"看护员"的克隆人受制于或明或暗却十分严格的监控措施:在凯茜和汤米的谈话中曾提到克隆人必须在工作时间内,于指定的地点活动且每天都要签到;不论是黑尔舍姆还是捐献者康复中心,其四周都有铁丝网与外界隔绝。根据黑尔舍姆监护人露西小姐的暗示,这些铁丝网是带电的,可见,无论是学生还是"捐献者",逃跑就意味着要付出生命代价,克隆人的自由受到了人类社会霸权的高度管制,一旦触及底线必将受到严惩。而离开黑尔舍姆后给予他们更多的自由只是假象,是进一步利用和奴役他们的需要。

如前文所述,即使是"看护员"的工作,也已经让克隆人身心俱疲:他们不仅要整日奔波于各个康复中心之间,目睹同伴"捐献"过后的种种惨状甚至提前"终结",还要面对无穷无尽的孤独。许多看护员"一进医院大门就'畏缩'起来","只是在应付着时日"。他们的工作没有成就感可言,只能目睹着同伴们如何痛苦地"捐献"致死。而人类仅给出恩赐式的安慰公函,表示"他们确信你已经尽你所能,并要求你保持下去"。

不论是"捐献者"还是"看护员",克隆人都是被视为工具性的存在和消费品。在突发的"莫宁戴尔丑闻"中①,克隆人在体力上和智力上超越常人的可能性让人类震惊。社会思潮随之转向激进,保护克隆人权利的伦理主张湮没于人们的恐惧和压制声浪之中,黑尔舍姆等三家人道对待克隆人的民间组织随后被关闭。

人类的欲望、恐惧和强权汇成一股巨流,将克隆人试图获得身份承认和融入社会的种种努力吞噬。面对人类消费社会的霸权,他们是弱势和无助的。他们被作为活体器官商品供人类消费,却没有属于自己的那份生命权利和选择自由。虽然小说中黑尔舍姆学生们与监护人乃至整个人类社会没有直接的冲突,但这无法遮蔽他们之间关系的实质,即黑尔舍姆小共同体与人类社会是完全对立的:它们之间不仅是传统的小共同体与现代消费社会的对立,更是幻想破灭的弱势群体与残酷压榨的霸权体制之间的对立。

二、黑尔舍姆共同体与底层克隆人群体

虽然与人类社会相比,黑尔舍姆小共同体处于弱势,但凯茜们在与底层克隆人②的互动中,却又时时刻刻表现出一种优越感。这种优越感来自所谓的黑尔舍姆"特权"。它是凯茜在回忆中一直引以为

---

① 小说中虚构的"莫宁戴尔丑闻"源起于一位名叫詹姆斯·莫宁戴尔的科学家。他在苏格兰某地秘密进行了基于人体基因改良的克隆研究,其目的是要克隆出在体力上和智力上都超出常人的新型人类。该项目远远超出了法律允许的界线,后被发现并终止。但此事件仍然在人类社会中引发极大恐慌,人们担心会被未来克隆出的超级新人类取代。在社会舆论的极大压力下,像黑尔舍姆这种人道对待克隆人的机构均被迫关闭。所有的克隆人捐献计划都统一回到工业化生产、工具化利用的非人道方式。

② 小说中,相比于黑尔舍姆等三所人道对待克隆人的机构,其他克隆人培养机构的生存和生活条件要恶劣得多,更没有对克隆人的文化艺术教育,而像是为了收获人体器官而运转的克隆人"农场"。本书称这些机构中的克隆人为"底层克隆人",以便与黑尔舍姆等人道机构的克隆人学生进行区分。

豪、难以割舍的主题，是黑尔舍姆小共同体的象征性构建符号，也是这个共同体在同质性上的集中体现。

据凯茜描述，黑尔舍姆近似于人类社会的私立寄宿学校，那里有良好的软硬件设施，有为培养和证明克隆人正常人性而开设的文化艺术课程。在每日全体学生参加的晨会上，校长艾米丽小姐反复强调："作为黑尔舍姆的学生，我们全都很特别"，是"被挑选出来的极少数"。

凯茜、露丝和汤米离开黑尔舍姆后，这个小共同体的封闭性被打破，他们不得不面对外部世界和来自其他学校的底层克隆人。他们本能地感到害怕，并设法维系三人之间的黑尔舍姆认同纽带，就仿佛他们没有离开黑尔舍姆一样。此时，他们需要划出与其他底层克隆人的界线，而"特权"概念充当了这个角色。它是黑尔舍姆学生们通过学校训诫和私下传闻达成的共识，是某种底层克隆人可望而不可即的东西，所以它自然成为离开黑尔舍姆后，凯茜们与底层克隆人群体之间的文化心理边界，以及他们维持这个小共同体所依赖的构建符号。凯茜、露丝和汤米都认定"肯定有一套不同的规则，以某种神秘的方式适用于我们黑尔舍姆来的学生"，而且底层克隆人中间也流传着黑尔舍姆学生可以过上正常人类生活以及可以延期"捐献"的传闻。

凯茜、露丝和汤米对底层克隆人的距离感和优越感，首先体现在凯茜使用的叙述人称上。她最常用的两个人称代词是"you"和"we"。根据语境，凯茜的叙述对象"you"是非黑尔舍姆毕业的底层克隆人看护员①。比如，凯茜说："看护员不是机器。你试着为每个捐献者尽最大的努力，……所以当你有机会去选择时，你当然会挑选你自己的那类人。"此处值得注意的是，小说中文版译者把"you"翻译为"你"，虽合乎情理，却失去了英文原文的含混效果。因为"you"

---

① 马克·吉恩认为"you"也可能指称人类。但这个观点十分可疑，因为凯茜在小说中除了曾经的黑尔舍姆监护人以外，没有与任何人类深入交往过。加之小说中克隆人被人类歧视和工具化地对待，她也并不具备把人类作为叙述对象的心理动机。

既可以是"你",也可以是"你们"。而凯茜在自我指称时常用"我们黑尔舍姆学生"(we from Hailsham)。假如把前例中的"you"理解成"你们",那么这就暗示了一种文化心理上和群体层面上的"we"与"you"的对立:"我们"黑尔舍姆学生与"你们"底层克隆人的对立。

在凯茜们与底层克隆人的日常交往中,这种边界意识被不断地巩固加强,以保持心理上的距离和小共同体的边界。毕业进入"村舍"后,凯茜希望露丝、汤米和自己仍然能够保持一个黑尔舍姆小圈子;露丝则有意与"老兵"们("村舍"中的底层克隆人高年级学生)结交并刻意讨好他们。凯茜因此与露丝发生了一些争执和不快。然而,一旦黑尔舍姆"特权"的真实性受到"老兵"的质疑和挑战,她们又会立即联手维护学校的特权形象。例如,"老兵"恋人罗德尼和克丽西向她们打听该找谁申请延期捐献,在场的汤米不假思索地说从未听过这个传闻,露丝和凯茜立刻不约而同地驳斥他。露丝告诉两位"老兵":"如果你们是从黑尔舍姆来的,你们就会懂了。对我们来说,这从来不是什么大事……我们要做的不过是往黑尔舍姆捎个话回去。"这个"你们"和"我们"的对立,表明在黑尔舍姆"特权"的问题上,露丝与凯茜的一致性并未因之前的争执而发生动摇,同时再一次划出了她们与罗德尼和克丽西之间的心理边界。而结合全文叙述人称"we"与"you"的对立来看,这无疑是叙述者营造的黑尔舍姆与底层克隆人之间区隔和对立的一个刻意而鲜明的例证。

科恩认为,共同体成员之间"相对的相似性或差异性不是可以进行'客观'评估的东西:它是一个情感问题,一个存在于成员自己心中的东西"。在黑尔舍姆,这种情感和心理上的默契经过了多年的累积,而且如前文所述,它通过劳动产品的交换制度,渗入了学生们的日常生活和情感交流的方方面面。所以,它往往可以超越具体问题的争执,而与一种心理认同上的底线和边界相关。

对于凯茜们来说,这个底线和边界就是黑尔舍姆的"特权":它是关于有与无、优越与卑微甚至希望与绝望之间的差异,所以也成为两个群体间暗中摩擦和冲突的场域。底层克隆人虽然对黑尔舍姆的种种"特权"传闻羡慕向往,但其内心深处并不希望这种"特权"真的存在。小说中凯茜们与老兵们一行人去城里寻找露丝的"原型",结果以失败告终。在归途中，凯茜敏锐地察觉到，无论罗德尼和克丽西表面上如何同情和安慰露丝，他们内心深处都松了口气，似乎"感到解脱，他们不必再比任何时候更赤裸裸地去面对那个让他们迷惑、烦恼和恐惧的想法，即他们以为对黑尔舍姆来的学生敞开的各种各样的可能性对他们是关闭的"。凯茜"站在露丝的立场上而对他们心生怨恨"。凯茜的怨恨与其说是为露丝打抱不平，不如说是由于老兵们损害了黑尔舍姆小共同体赖以构建和维系的"特权"：如果"特权"真的不存在，那么凯茜、露丝和汤米以及所有黑尔舍姆学生与底层克隆人在自我身份上将没有实质的差别；黑尔舍姆小共同体与底层克隆人群体之间的界线也将变得无意义乃至消失；这一切最终必然意味着共同体的无以为继和解体；等待凯茜们的将是与底层克隆人一样的彻底绝望。因此，凯茜本能地固守自己的共同体边界，本能地强调与老兵们的差异："我记得，那时候我认为，克丽西和罗德尼真的不同于我们仨。"

黑尔舍姆学生与底层克隆人在本质上确实没有区别，两者都是人类社会霸权的受害者。凯茜们在用"特权"构建自己与底层克隆人的文化心理边界并与之隔离和对立的同时，没有意识到自己是整个克隆人受害群体的一部分。他们对自己所谓"特权"的正面书写，正是底层克隆人更加悲惨命运的隐性书写。小说中自从"莫宁戴尔丑闻"之后，人类因为担心出现在各方面比自己优越的克隆人，强制关闭了黑尔舍姆、格伦摩根之家和桑德斯信托所等人道主义的克隆人学校。凯茜们从此与底层克隆人一起陷入了黑暗，正如艾米丽小姐告诉凯茜和汤米的：

> 现在你在整个国家的任何地方，都再也找不到像黑尔舍姆这样一个地方了。你所能找到的，就像从前一样，是那些政府开设的庞大的"基地"，而且哪怕他们比以前要好一些，让我来告诉你们，我亲爱的孩子们，你如果看到那些地方还在做的事情，你会好几天都睡不着觉。

黑尔舍姆的学生们似乎从没考虑过自己的"特权"究竟来自何

处,没考虑过自己与底层克隆人的关系是什么,所以他们没有察觉到自己实质上是整个克隆人群体的一部分。黑尔舍姆试图更加人道地培养克隆人,这虽然避免了他们遭受更残酷的非人对待,却依然无法改变人类社会对他们的工具性利用。小说中,人类与克隆人的对立是不可调和的——即便黑尔舍姆的创立者和监护人也是如此。他们尽管认为自己在做对的事情,但并不能说服自己真心地接受克隆人。前校长艾米丽小姐承认:"我们都害怕你们。我在黑尔舍姆的时候,我自己几乎每天都要强忍对你们的恐惧。有好几次当我从书房窗口向下看你们的时候,我会感到那样的厌恶。"负责收集学生艺术作品的克劳蒂夫人,也坦陈自己潜意识中对克隆人存有恐惧,本能地想要疏离他们:当有学生靠近身旁,她就会如同害怕蜘蛛般全身僵直无法动弹。为了掩盖这种恐惧和疏离,监护人们"通常总是那么高高地凌驾于一切之上",这让学生们感到失落、茫然和自卑,感到自己是异类。对此,凯茜这样描述:

> 他们不恨我们,也不希望我们受到任何伤害,可是他们一想到我们,想到我们为了什么和怎样来到这个世界的,仍旧会不寒而栗,一想你的手触碰他们就感到恐惧。当你第一次从这样一个人的眼中看到自己的时候,这会是一个让你心底发寒的时刻。就好像你从每天都要经过的一面镜子前走过,突然镜子里映出的你是其他什么东西,是一件令人烦心和陌生的东西。

这种被他人恐惧和疏离所带来的心理伤害,往往比残酷的暴力压制更让人感到受挫、困惑、自卑和绝望。由此,黑尔舍姆学生们的身份认同陷入一种半间不架的悬置状态:他们既无法与人类认同(他们对于人类来说,终究只是会说话的器官而已),也无法与底层克隆人认同(他们所受的人文教育和可能延期"捐献"的"特权",使他们彼此区分开来)。凯茜们只有抱团并固守黑尔舍姆小共同体。这个小共同体的同质性一半来自黑尔舍姆带给他们的关于"特权"的幻想,而另一半则来自人类社会(包括黑尔舍姆的监护人们)的排斥和压制。黑尔舍姆小共同体可以被比喻为一个"茧":既为学生们提供彼此的认同、心灵的安慰甚至虚幻的优越感,又将他们困在其中无法认清自我,并与更大的底层克隆人群体隔离开来。

而且,这种悬置状态还受到了人类社会的利用,黑尔舍姆的学生们在某种程度上成为人类社会压迫和蒙蔽全体克隆人的工具甚至共谋。一方面,黑尔舍姆收集克隆人的画作,以此证明其人性。但在"莫宁戴尔丑闻"的语境下,这种证明反而有可能被歪曲利用,与莫宁戴尔的实验结果一起,展现克隆人具有与人类相同、甚至超越人类的潜能,从而加剧对克隆人的恐惧和压制。

另一方面,底层克隆人中间有关黑尔舍姆"特权"的种种传说(比如其学生有机会过正常人类的生活、可以申请延期"捐献",等等)使后者俨然成为一个神话。通过文本细读,可以发现这个神话在很大程度上是学校监护人默认并参与制造出来的。艾米丽小姐证实,监护人清楚地知道学生中间流传着延期"捐献"的传闻,却有意保持沉默不予澄清;相反地,愤然向学生道出"捐献"真相的露西小姐却受到学校处罚并被调离岗位。所有的线索都指向一种可能:校方有意放任甚至鼓励这些谣言和传说的散布,进而神化为黑尔舍姆学生的所谓"特权"。

由此,黑尔舍姆等三家所谓的"特权学校",成为整个克隆人工业的异数和特例。这些异数和特例,在人类霸权体制的严厉管控之下,不但不会对克隆人工业造成威胁,反而可以部分地起到稳定克隆人群体及其工业系统的作用:种种关于"特权"的传说不仅给黑尔舍姆等三所"特权学校"的学生们带来精神安慰和优越感,也给底层克隆人群体带来虚无缥缈的希望,从而可以在一定程度上帮助排解他们的无助和绝望,并减缓其逃跑或反抗的冲动。也就是说,黑尔舍姆作为克隆人工业的特例,成为释放这个工业体系内部的精神压力和反抗趋势的安全阀。例如,罗德尼和克丽西这对底层克隆人情侣曾听到过这样的传闻:"一对黑尔舍姆的情侣,那个男孩还有几周就要去当看护员了。而他们跑去找了什么人,就把所有的事情推迟了三年。……三年里无须继续接受培训或做任何事情。他们得到三年时间完全归自己支配,就是因为他们能证明自己真正相爱。"借着与汤米、凯茜和露丝一同去寻找露丝"原型"的机会,罗德尼和克丽西向他们打听申请延期的门路:"你们上谁那里去呢?……他们说你们必须上谁那儿去呢?你知道,如果你想申请(延期)的话。"可见,底层克隆人不仅相信"特权"的存在,而且希望它并不局限于"特权学校"的学生。他们宁愿相信只要自己真心彼此相爱、只要自己找到正确的门路、正确的人,有朝一日也能享受"特权"。这种虚无缥缈的希望无疑可以麻痹底层克隆人群体,使其在貌似可能的幻想和努力中耗费生命,慢慢地失望,直至绝望,却依然可以用"曾经努力过"得到精神上的自我安慰。小说中的克隆人之所以面对残酷命运而不反抗,除了人类社会的强力压制和规训,以及克隆人的异类感和对命运的认知缺乏,这种若即若离、虚无缥缈的"希望"也起到了很大作用:它可以帮助排解克隆人的精神压力、缓解他们可能的绝望情绪、避免他们进行暴力反抗的趋势。它不仅麻痹了黑尔舍姆等三所"特权学校"的学生们,更麻痹了整个底层克隆人群体。

总而言之,黑尔舍姆是一个处于悬置状态的小共同体:它学生少规模小,日常生活完全自足且与外界隔绝,悬置于人类社会和底层克隆人群体之间;学生们幻想融入人类社会,同时又以所谓"特权"与底层克隆人区隔开来,表现为凯茜们固守黑尔舍姆小圈子,以及对底层克隆人同类的心理防御和排斥。宏观群体层面和微观个人层面的双重悬置,使得黑尔舍姆小共同体因无法与外界交流而缺乏生命力,只能维持在一种僵化和脆弱的状态,并被人类霸权体制利用为麻痹全体克隆人的工具。而"莫宁戴尔丑闻"造成黑尔舍姆被迫关闭,这个小共同体的解体危机迫在眉睫。

第三节　突破小共同体之茧

前校长艾米丽小姐最终向前来申请延期"捐献"的凯茜和汤米承认,黑尔舍姆学生根本没有所谓的"特权"。即使他们能证明彼此间的真爱,也不可能延期"捐献"。黑尔舍姆的"特权"神话被现实击得粉碎,汤米、凯茜以及所有黑尔舍姆学生长久以来的梦想和他们为此所做的种种努力都付诸东流。面对真相,汤米绝望而愤怒地仰天长啸,凯茜将他紧紧抱住,两人感觉如同急流中的浮萍一样无助:

> 我总是想到在某个地方有条河,河水非常急。河里有这么两个人,他们试图抓住彼此,竭尽一切可能紧紧地抓住对方,可是最终还是不行。水流实在太急了。他们没法不松手,分开漂走了。我想这就是我们现在的情形。真是可惜啊,凯茜,因为我们一生彼此相爱。可是最终我们却不能永远待在一起。

汤米和凯茜意识到,面对人类社会的霸权,无论是他们自己还是黑尔舍姆都无法幸免,而"特权"只是一场虚幻,他们与底层克隆人之间围绕这个文化符号所划出的边界不复存在。这意味着黑尔舍姆小共同体面临解体,而他们和底层克隆人之间并没有本质的区别。

残酷的现实迫使凯茜和汤米重新考虑自身的认同问题:要么选择游离,选择彻底的身份悬置和孤独;要么选择融入那个更大的群体,为自己的存在找寻新的归宿和意义。最终,两人在很大程度上都选择以各自的方式融入底层克隆人群体。这是小说的悲剧结尾中暗含的积极因素:他们的转变和融入为克隆人的未来带来一些希望和反抗的可能性。

无疑地,底层克隆人群体算不上是共同体:他们生存条件恶劣,并被剥夺了最起码的受教育权,其自我认知和对世界的理解必定存在缺陷,缺乏形成真正意义上共同体的基本条件,但这并不妨碍凯茜和汤米与之认同。面对危机,他们勇于在文化身份认同上突破黑尔舍姆小共同体的阈限,破茧而出。两人的认同转变具有后现代身份认同的特点:选择性和灵活性。齐格蒙·鲍曼这样对比现代性身份认同与后现代性身份认同:"如果现代性的'身份问题'是如何构建一种身份并保持其坚固和稳定,那么后现代性的'身份问题'主要是如何避免固着(fixation)并保持选项的开放(keep the options open)。"文化批评学者斯图亚特·霍尔支持鲍氏的观点,他也把身份认同看作是一种构建且"经常处于改变和转变的过程中",看作是一种永不终结的、"总是'处于过程中'的过程"。下面我们将着重讨论和展示凯茜和汤米各自认同转变的过程、方式和伦理意义。

他们在生命的最后阶段,从黑尔舍姆小共同体封闭而悬置的困境中,完成身份认同上的突围和转变,这不仅使他们在一定程度上实现了自身的救赎,避免陷入彻底的孤独和绝望,而且也给整个克隆人群体带来更多希望和可能性。另一方面,汤米和凯茜的身份认同转变,也体现出小说的后现代伦理关怀:一种自我对他者的责任,即汤米和凯茜不仅融入了底层克隆人群体,还尽其所能地对这个群体担负起了相应的伦理责任,增加了整个克隆人群体的福祉。这不仅是两人在共同体层面的破茧而出,更是他们在伦理层面的自我超越,是悲剧中的积极因素和希望所在。正如石黑一雄在访谈中指出的,"这是一部悲伤的小说,但是有一种积极的东西在里面,因为人物都如此可敬"。

凯茜和汤米对底层克隆人群体的认同体现在不同方面:凯茜的认同体现在记忆和符号层面的对生命体验的分享,而汤米则体现在实践层面的超越和融入。

对黑尔舍姆的记忆是凯茜叙述的核心内容。学校关闭、小共同体不复存在之后,凯茜不但没有放弃、反而更加珍视自己对黑尔舍姆的记忆,因为这是她唯一的珍宝,也是她唯一能奉献给所有克隆人同伴的东西。尽管凯茜和汤米已经知道了黑尔舍姆设立的意图,知道它面对人类社会的脆弱无助,也知道黑尔舍姆监护人对他们的歧视、恐惧乃至压制,但他们"内心深处仍将其视为凝聚彼此的珍爱家园,因为它定义了其自我身份"。黑尔舍姆毕竟给了他们正常的童年,让他们在美丽的"保护性气泡"内无忧无虑地长大。通过对学生的艺术教育和学生间自足的物物交换制度,学校潜移默化地塑造了凯茜们的集体认同感以及反思自我和世界的潜在能力。正如谷伟指出的,"在残酷事实最终降临、挚爱好友黯然离去之际,在童年幻想逐一破灭、生命即将终结之际,正是凝结着克隆人集体认同感的'黑尔舍姆'这一铭记于心的往昔回忆,赋予了凯茜人性身份认同的最后信念支撑,让其以人的尊严、灵魂的平和走向生命的终结"。凯茜坚定地相信"我的心都会和黑尔舍姆在一起,让它安全地留在我的脑海里,那将是没人能够抢走的一样东西"。

  不仅是保留和珍藏对黑尔舍姆的记忆,凯茜在叙述中还不断对记忆进行梳理和反思,并时常与汤米和露丝的记忆相对照,他们彼此间甚至会因为记忆的准确与否而发生争论。这些反思和争论的内容看似无关痛痒的细节,却恰恰体现出凯茜对黑尔舍姆记忆精确性的执着追求,是她内心珍视的自然流露,也是一个记忆萃取的过程。例如,在"村舍"时,露丝表现得好像不记得监护人杰拉尔丁小姐,凯茜对此十分生气,认为露丝无论如何不应该为了讨好"老兵"们而"总是装着一副忘记了黑尔舍姆的样子"。另一次,露丝和凯茜就黑尔舍姆池塘边的一大片黄地是否禁止学生们通过的问题产生了争论。这原本微不足道的小问题却惹恼了凯茜,她以强烈的语气表达自己的不满,觉得露丝"说话的方式突然之间显得那么虚伪,甚至如果这时旁边有一个旁观者,一定也能看穿她"。这两次事件中,凯茜不满的是露丝对黑尔舍姆记忆满不在乎的态度,认为这种态度是对她们的过去以及这个共同体的不尊重。

  另一方面,凯茜在叙述中也承认自己的回忆可能存在不准确的地方。她通过不断地与汤米、露丝分享和商议,一直补充和修正着自己的黑尔舍姆记忆。例如,小说结尾处,她和汤米在夫人家中看到一幅水彩画。汤米说画的是黑尔舍姆池塘后面周围的地方,凯茜却认为"只是一些乡间景致"。汤米立即"似乎令人吃惊地生气了",并以精确的细节反驳道:"不对,池塘在你身后的地方……你应该能记得的。如果你背对池塘站在黑尔舍姆的后面,那么你就正好面朝北操场俯瞰……"此处,凯茜对汤米说法的精确记录和默认,表明她时刻注意检视和修正自己黑尔舍姆记忆的细微误差。这是一种依靠与他人记忆的交流,对自身记忆的提炼、萃取和升华的过程:

  我们需要其他人的记忆,不仅用于确证我们自己的记忆,而且用于使我们的记忆变得持久。……分享和巩固记忆能够使它们更加明晰并利于回忆……我们把自己断断续续的回忆编织成叙事,在这个过程中,我们会修改个人记忆中的一些部分,以使其适应于整个集体的记忆,并逐渐使两者融为一体。

凯茜和汤米通过彼此间不断的对照、修正和补充,努力提炼和确立了一种可以共同接受并分享的黑尔舍姆记忆。"特权"神话的破灭让凯茜开始明白,如果自己还有什么可以称为"特权"的话,那就是自己童年和少年时代在黑尔舍姆的美好记忆。对于汤米和露丝以及所有黑尔舍姆学生来说,这记忆就是其生命本身,是"他们卑微的生命寻求意义的最后退居地,唯一可以抵抗死之虚无的'有'"。他们可以通过其生命记忆,抵抗"捐献"和近在眼前的死亡带来的虚无感,从而坦然地面对宿命。

这种生命记忆才是黑尔舍姆学生真正区别于其他克隆人的"特权"。反过来,生命记忆的缺乏,意味着底层克隆人群体是小说中真正的、彻底弱势的"他者"。前校长艾米丽小姐在小说尾声处对凯茜和汤米的坦白,揭示出底层克隆人最为悲惨的命运:在政府设立的克隆人养殖场,"他们的生存条件是你们黑尔舍姆的学生几乎无法想象的";他们被仅仅作为移植器官的供体饲养长大;他们没有人的基本权利和尊严,没有受过文化教育,更没有接受过艺术的陶冶或从事过创作。因此,他们缺乏作为真正的人的体验和生命记忆,被剥夺了作为人的内涵。这种缺乏和剥夺甚至比物质生活条件上的恶劣更加不堪:这直接抽空了底层克隆人的生命意义,从而在生理、心理和文化上将其降级为器官培养容器,他们也因此遭受了肉体和心灵上的巨大折磨。例如,凯茜曾经照看的一位底层克隆人"捐献者",每当提到自己所在的克隆人工厂,他"脸上就出现了从未见过的愁苦相。当时我就明白了他是多么不想再有人提起那个地方"。这个细节一带而过,却暗示出底层克隆人作为弱势和沉默的"他者"群体,其生命遭受到人类霸权的绝对控制和压榨,变得黑暗而虚无。

但是,凯茜的这位"捐献者"对黑尔舍姆的事情却如饥似渴。他刚做完第三次"捐献",情况很糟糕,并自知将不久于世。面对死亡,他请求凯茜事无巨细地讲述黑尔舍姆的一切。他并不只是为了满足好奇,而是有意用凯茜的黑尔舍姆记忆填补自己生命记忆的缺乏,以获得一些慰藉:

> 有时候他让我把事情说了又说。我前一天才告诉过他的

事,第二天他会再问我,好像我从没对他说过似的。"你们有体育馆吗?""哪个监护人是你最喜欢的?"起初我以为这是因为麻醉剂的原因,但后来我注意到他的神智很清醒。他不单单是想听听有关黑尔舍姆的事情,他还想记住黑尔舍姆,就像那是他自己的孩提时代。他知道自己的生命已经快走到尽头了,所以他才这么做。他让我描述这些事情,好把他们铭刻于心。这样,也许在那些伴着痛苦和麻醉药、精疲力竭的不眠之夜,我的回忆和他的记忆之间的界限会变得模糊不清。

这位"捐献者"使凯茜突然意识到,黑尔舍姆记忆不仅对于自己和汤米,而且对于底层克隆人,都是一笔珍贵的财富——它可以在一定程度上填补他们生命的空洞,抚慰他们精神上的创伤。凯茜从此开始跨越黑尔舍姆的文化边界,把自己一直提炼和珍藏的黑尔舍姆记忆与底层克隆人分享,使他们能够平静地面对即将到来的"捐献"或"终结"。凯茜对黑尔舍姆记忆的分享全面而细致,甚至在某种程度上可以看作是记忆的"移植"。仍以上面的那位底层克隆人"捐献者"为例,凯茜与其分享的记忆涉及了黑尔舍姆生活的方方面面和各种细节,包括"我们的监护人、我们每个人如何都在床底下有一个放收藏品的箱子、足球赛、跑柱式棒球赛、那条环绕着主楼的大路和所有偏僻的旮旮旯旯的小路,还有那水面上游着鸭子的池塘、我们的饭菜以及雾天早上从美术教室俯瞰田野的景致"。

前一节中我们提到,小说的叙述对象"you",即"你"或"你们",指的是某一位、某几位或所有底层克隆人"看护员";而此时我们会发现,这个第二人称"you"已经随着凯茜的记忆分享,从区分和对立黑尔舍姆小共同体与底层克隆人群体的作用,转变为标明凯茜向某一位、某几位甚至整个底层克隆人群体的诉说。这种转变意味着整部小说成为凯茜留给底层克隆人群体的黑尔舍姆记忆遗产——这是她对所有克隆人的终极贡献。

通过分享和贡献自己的黑尔舍姆记忆,凯茜把有限的生命融入了更大的克隆人群体之中。她把人类为蒙蔽和麻醉克隆人而制造的黑尔舍姆"特权"神话倒转过来为己所用,并填入自己、汤米和露丝乃至全体黑尔舍姆学生们的生命记忆的真实丰富和点滴细节,用于为底层克隆人减轻痛苦、抚慰创伤,尽可能地弥补其生命记忆的缺失。同时,凯茜希望通过这种分享,把自己、汤米和露丝乃至整个黑尔舍姆的故事流传下去,让这个曾经的小共同体继续存活于底层克隆人的叙述和记忆之中。更重要的是,这些充满对黑尔舍姆怀旧情感的记忆本身,可能会成为一颗颗充满能量的火种,虽然其中也含有黑尔舍姆"特权"神话的成分,但如果底层克隆人具备了阐释这些黑尔舍姆记忆和神话的能力(凯茜的这部自传性回忆叙述,正是尝试将黑尔舍姆记忆和神话的阐释权交给底层克隆人),其意义可能会被不断改造和转变,有朝一日甚至产生出反抗人类霸权的星星之火:这些记忆和神话为底层克隆人的将来保存了另一种可能性,即他们会醒悟到自己也有权利、有能力去过一种更好的生活、一种更有人性尊严的生活——就如同黑尔舍姆及其"特权"那样,或者更好。也就是说,底层克隆人群体因此保有了一种以改变现状为导向的怀旧愿景和叙述话语;他们在未来有可能以之为基础形成身份认同,甚至构建某种反抗不公命运和人类霸权的共同体。

凯茜的黑尔舍姆记忆通过文化心理层面的分享和传播,为底层克隆人未来可能的抗争保留了一个"开放的选项"。这种记忆传承在文化心理上的影响往往潜移默化又出人意料:

> 发生在一代人身上的事情,所影响的远远不止一代人。……反过来,对当事人所产生的影响,也不仅是过去,还应该包括后人的理解。只有将后人的理解包括在内,某个事件的意义才能够确认下来。这就是说,某件事情不仅发生在过去,也发生在未来的讲述和理解当中。在朝向未来时,事件本身才得到进一步的形塑。因此,后来的倾听者不仅是在捕捉遗失的历史,也在创造自己生活的前提,提供对所处世界的理解。

凯茜的回忆叙述为底层克隆人提供了一个理解自己和世界的基点,其中蕴含了一个更美好、更人性的世界图景。凯茜对黑尔舍姆的回忆和怀旧,有可能转化为底层克隆人对未来的希望和理想:虽然黑尔舍姆本身有种种缺陷,但相对于当前底层克隆人的悲惨生活,它仍然具有一定的理想主义色彩,蕴藏着激励克隆人为自身的权利、为更好的生活而抗争的火种。在这个意义上,凯茜可能会在很大程度上激发,从而间接参与未来底层克隆人群体对生命虚无、命运不公和人类霸权的反抗。

从伦理层面来看,凯茜的回忆叙述不仅增加了底层克隆人的福祉,更是代表整个克隆人群体向人类社会发声、自我表述、展现自身人性的努力。有研究者指出,凯茜相比于石黑一雄前几部小说中的男性主人公,在其叙述的伦理立场上有重要转变:凯茜将"重点从自我中心上转移开来,变为更加清晰的对他者的关注……体现了对他者的、即时的伦理呼应……树立了一种对他者同情而负责的话语模式"。这一评论抓住了凯茜的叙述在伦理上的本质特征,但弄错了对象。这位研究者认为凯茜所关注的"他者",仅仅是朋友汤米和露丝,以及将会从自己的器官"捐献"中获益的几位人类。这可谓"只见树木,不见森林"。如前所述,小说中真正意义上的"他者",是在人类社会霸权之下完全失声的底层克隆人群体,他们是小说在伦理上最为显著的暗喻。

许多有着强烈伦理意识的理论家意识到:真正的他者,如同小说中的底层克隆人一样,是完全被动、弱势和失语的。例如,意大利作家、奥斯维辛亲历者普里莫·列维(Primo Levi)曾经指出,从纳粹集中营里幸存下来的人,并不是那场灾难的真正见证人,"由于搪塞、一技之长或运气,我们从未触及底层。而那些曾经触碰到、曾经直面蛇发女妖的人,要不一去不复返、要不永远地沉默着"。列维认为,纳粹种族大屠杀中惨遭杀戮的"真正他者"们已经一去不复返,而任何幸存者在所受的苦难上都无法与他们相提并论,无论这些幸存者曾遭受过多大的磨难。可见,列维不仅把他者定义为弱势的和受难的人,更定义为失语的和沉默的人,而终极的失语和沉默就是死亡。也就是说,真正的他者是那些已经死亡和逝去的弱势者和受难者。

利奥塔也指出,在死亡和他者之间,存在着一种逻辑上的悖论:"如果那里(奥斯维辛)就是死亡,你就不在那里;如果你在那里,死亡就不在那里。不管怎样,证明那里就是死亡都是不可能的。"因此对于那些已经逝去的受害他者,幸存者想要证明其悲惨的死亡,只能通过在伦理上负责任的移情和想象。

但历史并不会因为他者的永远沉默而走向虚无,相反,正是他者的沉默呼唤我们去主动承担起对其的伦理责任。正如后现代伦理学家列维纳斯所强调的,"他者的永远沉默源自其绝对的被动性",而他者的弱势、沉默和被动性,恰恰标示出自我或幸存者对他者的伦理责任:我们必须对之做出回应,而且我们的责任往往是无限的。对此,利奥塔曾使用一个非常形象的比喻:在一次极具破坏性的地震中,不仅家毁人亡,而且连测量地震的仪器也一道毁损。但是,仪器的毁损并不意味着否定了地震本身,反而恰恰向幸存者显明地震力量的强大。因此,幸存者要做的,不是修复已毁的仪器,或者借助其他未损毁的仪器来显示地震的抽象数字,而是要通过这已毁的仪器感受死者的苦难,激活对他们的记忆;而幸存者对死者的无限责任,就是要永久保留这台因地震损毁的仪器,作为对死者所受苦难的历史见证。

凯茜叙述中的黑尔舍姆就是这部仪器。通过它曾经的一切及其与底层克隆人生活世界的对比,我们不仅看到了凯茜们的悲惨命运,更能体会到底层克隆人群体,以致所有克隆人的深重苦难。底层克隆人已经沉默——他们在某种程度上是会走路的器官,是活的死人——作为幸存者的凯茜就必须发声,担当起她对这些的真正他者的伦理责任,而她的叙述和回忆本身,就是对这种伦理责任的回应。因此可以说,凯茜实现了自己从黑尔舍姆小共同体的破茧而出;她以其充满伦理意义的叙述行动,不仅在身份认同上,也在伦理责任上完成了向底层克隆人群体的跨越和融入。

如果说凯茜是在文化符号层面通过为底层克隆人发声的方式,表明了自己的认同转变,那么汤米则选择了以实际行动的方式,身体力行地从黑尔舍姆小共同体中走出,认同于并彻底融入更大的底层克隆人群体。面对黑尔舍姆关闭、同学们相继"终结"的共同体危机,汤米勇敢地走出了黑尔舍姆的文化边界,"越来越趋向于和(康复)中心的其他捐献者认同"。汤米开始更喜欢和他的底层克隆人朋友们围坐在一起,轻松惬意地聊天和大笑,"好像他们在向全世界宣布,他们每个人都是如何享受着这个聚会"。

汤米不仅在行动上认同于底层克隆人,而且在文化心理上完全抛弃了所谓的黑尔舍姆"特权",转而把"捐献"和"捐献者"作为自己新的身份符号。这其中包含了一个文化符号运用上的倒转:"捐献者"原本是人类霸权强加于克隆人的、对器官摘除的隐晦说法,目的是为了蒙蔽克隆人,使得这本质上血淋淋的残酷现实,变得容易被他们接受并习以为常。但汤米把这个符号的内涵颠倒了过来,把"自己被迫捐献"转变为"捐献使我们亲密无间",从而为自己和所有克隆人获得并保持尊严和团结。这种转变"用尼采的话说,就是把'已然如此'(他的过去,他境遇的已知事实)转变成了'如我所愿'"。也许有人会说这是一种十足的阿Q精神,但从汤米本人的性格特征来看,这其中除了有悲愤,更多的是他基于与克隆人同伴共同命运之上的惺惺相惜和亲密团结。

汤米在小说中让人印象深刻的性格特征,就是其从小显现出的关于"愤怒"与"直觉"的天分。在黑尔舍姆进行其最喜爱的足球运动时,汤米时常受到同伴的奚落和嘲讽,他会"爆发出如雷般的怒吼","朝着天空、朝着风、朝着最靠近的篱笆桩语无伦次地叫喊着,挥动四肢",就如同"在排练莎士比亚剧目";在最终得知黑尔舍姆的真相后,他又一次满怀激愤"狂怒着、喊叫着、挥舞着拳头,踢着腿脚"。汤米似乎有着莎士比亚悲剧人物李尔王式的易于暴怒的性格;同时,他也有着李尔王式的、透着些许神性的细腻直觉。例如,汤米为了申请延期"捐献",重新开始练习自己并不擅长的绘画。他的画虽然笨拙,却敏锐地展现了克隆人的特质:一群看上去结构精密的生物,却又仿佛脆弱到让人担心其如何捕食和保护自己。凯茜也感知到了他的直觉力,她告诉汤米:

> 我刚才在想,想那个时候在黑尔舍姆,当你像那样狂怒的时候,我们都不明白。我们都不明白你怎么能变成那样子。我刚才产生这样一个想法,真的只是一个想法。我刚才在想,也许你以前那个样子的原因是因为在某种程度上,你一直都知道真相。

对此,汤米答道:"不,那一直只是因为我,我是一个白痴,过去一直都是那样。但那是个有趣的想法。也许当时我真的知道,在内心深处的什么地方,某些你们其他人都不知道的东西。"虽然汤米总是以"白痴"自居,但他身上的确有预言家的特质,特别是联想到当初汤米对黑尔舍姆绘画课的漫不经心、对同学欺负刁难的无动于衷以及对露丝生前蛮横无理的忍让包容,其中或许有部分原因是他直觉中体悟到的关于这个世界的真相,以及由此对自身、对同伴和对整个群体命运的大智若愚与悲天悯人的情怀。汤米成为"捐献者"并融入底层克隆人群体后,变得异乎寻常的平静而快乐,并把"捐献者"的名称,倒转成克隆人之间彼此认同和团结的符号——这似乎又是汤米对克隆人命运的预言:把人类霸权给自己套上的枷锁,转变为团结的纽带,去创造反抗的可能。

如果说凯茜是在记忆传承的层面上,完成了自己的认同转变,那么汤米则根据自身的直觉,以实际行动完全融入到底层克隆人的他者之中。这既是他对其身份的重新定义,也是对自身主体性的捍卫。列维纳斯曾把西方哲学传统的主流,比喻为希腊神话中尤利西斯的归家之旅:不管怎样颠沛流离,都要回归"自我"的故乡、回到"我思"的核心。这种以自我完美为中心的理论取向,从伦理的角度看,始终无法摆脱自我意识的封闭性,也必然导致"自我"与"他者"的二元对立。而列维纳斯则主张以希伯来传说中的亚伯拉罕送子故事,来打破哲学传统的思乡病:"我们希望以亚伯拉罕的故事对抗尤利西斯重返伊萨卡的神话。亚伯拉罕永远离开自己的故土,置身于陌生的土地,而且甚至不允许他的仆人将自己的儿子带回出发之地。"列维纳斯认为亚伯拉罕离开故土、永远面对他者陌生性的勇气,是他对自身主体性的真正捍卫。这种勇气源于亚伯拉罕对真正他者的弱势、被动与和平本质的领悟。真正的伦理总是超越自我的,而他者的本质则意味着自我及主体性对其不可回避的伦理责任。列维纳斯和德里达等人都强调,我们对这份责任的勇敢承担,才是我们对自身主体性的真正捍卫。真正的自由主体不是完美自我的孤芳自赏,也不是神秘自我的浴火重生,而是在很大程度上体现为主体以开放姿态迎接他者的"好客"精神。虽然小说并没有证据表明汤米达到了这样的伦理觉悟,但其伦理直觉促使他走向底层克隆人的陌生之地,主动把自己暴露在这些他者质疑和打量的眼光之中,通过真诚的交流最终赢得他们的信任。为了和过去的自己一刀两断,不给自己走回头路的机会,汤米在身份认同上开始与凯茜区隔开来,甚至不惜与她分手。

凯茜敏锐地察觉到,"每次他告诉我说,我无法明白某件事情是因为我还不是一个捐献者,我就会感到相似的怨恨微微地刺痛我的心",但"真正刺痛我的是他刚才所说的话,他把我再一次区分开来,不只是与其他的捐献者,而且与他和露丝区分开来了"。汤米要求凯茜不再担任自己的看护员,这无异于要和凯茜分手,因为一旦如此,两人将很难再见面。汤米之所以这样做,一方面是不愿让凯茜看到自己临终时衰弱悲惨的模样,宁愿她记忆中的自己永远年轻有活力;另一方面是因为他不愿再沉浸于和凯茜一起回忆黑尔舍姆,这样的爱情注定没有未来。汤米要走入陌生之地,从此不再回头,去融入底层克隆人之中;他也许有机会像凯茜一样,把自己关于黑尔舍姆的部分记忆保留在这个群体中,增加他们在未来反抗人类霸权压迫的可能性,而汤米也能更有尊严地、更有成就感和满足感地面对即将到来的第四次,也是将导致他"终结"的最后一次"捐献"。

汤米的努力至少在心理和精神层面取得了成功。在与凯茜临别时,汤米回忆起在黑尔舍姆的日子里,当自己在足球赛中取得进球后,总会转过身举起双臂,"想象自己正在水里唰唰地跑着……感觉真棒"。黯然开车离去的凯茜从后视镜中"隐约看到他再次举起手,转身朝平屋顶那里走去"——汤米是以一种庆祝胜利的精神状态面对第四次"捐献"的,因为他在自己生命终结之前又取得了"进球":他完成了身份认同的转变,如滴水入海般融入底层克隆人群体,这不仅使自己的生命记忆在群体层面得到延续,化解了黑尔舍姆共同体解体带来的身份认同危机,而且他以彻底开放的姿态迎接和融入他者,完成了一个伦理层面的超越:超越了狭隘的"小我",融入了底层克隆人他者的和平、弱势而包容的"大我"。

从克隆人群体的角度来看,汤米现身说法的黑尔舍姆经历和记忆,既可以帮助唤醒他们心中对更加美好生活的向往,也可以印证凯茜叙述中人类霸权刻意制造的黑尔舍姆神话,警醒他们彻底放弃任何幻想和妄念,置之死地而后生地激发其反抗意识,使得克隆人在未来的反抗成为一个可能选项。这一切很有机会水滴石穿地销蚀和破坏克隆工业生产体系的稳定性,为克隆人群体的未来打开更多可能性。

石黑一雄在访谈中这样评价《千万别丢下我》中的人物:

> 对于我,这是一个相当令人振奋的故事(a rather cheerful tale)。我其他的书都是关于那些相当有缺陷的个人,而这本是关于一个冷酷的幻想世界,但是……这本书真正地着重刻画了人性积极的一面。人类能够对彼此真正深切地关心,即使他们会犯错,因为他们受制于诸如嫉妒、占有或愤怒等人类情感。但归根到底,他们具备成为高尚的能力。

正如作家所言,小说表现了人性积极的一面,充分展现了凯茜和汤米的身份认同转变所包含的伦理选择。两人最终放下狭隘的自我优越感和对底层克隆人的成见,向这些小说中最为弱势的他者展示出开放和融入的态度,担负起自己的伦理责任:在底层克隆人中间传播黑尔舍姆的真实故事,唤醒他们对更好生活的想象和愿望。在此过程中,汤米和凯茜完成了自身的伦理超越,实现了自身的伦理价值:他们不仅使黑尔舍姆和自己即将凋谢于盛年的生命及生命记忆在克隆人中间延续下去,更增加了全体克隆人的福祉和反抗压迫的可能性,用自己生命的星点火光照亮了这个群体原本可能更加黑暗的未来。

通过凯茜和汤米的伦理选择和实践,小说还凸显了走向更美好共同体生活的必要路径:突破个人内心狭隘的共同体之"茧"以及对他者的伦理关怀。前段引文中石黑一雄提到,他之前小说的主人公们往往是"相当有缺陷的人"。这里的"缺陷"是指他们身上的一种人性弱点,即他们对自我、时代和环境的认知,受到种种因素——特别是狭隘的意识形态观念或既得利益——的限制与误导。正如石黑一雄自己所说,其主人公的共同问题在于"他们没有对生活的深刻洞察。……他们的视野没能超越自己周围的小圈子"。此处所谓的"小圈子",往往就是主人公与其周围关系密切之人所组成的共同体。这些共同体能给予主人公安全感。然而,主人公一旦对共同体过度依赖,迷恋于它所带来的既得利益和优越感,那么他难免会陷入一种思想上和伦理上的狭隘。此时共同体对于个人内心而言,就有可能成为禁锢其思想力和洞察力的"茧"。例如,管家史蒂文斯与达林顿勋爵的主仆共同体,使前者只看到对主人无条件服从的"职业精神"和服务于这个共同体为自己带来的荣光和成就感。史蒂文斯却因此丧失了自身的道德主体性,即便意识到达林顿犯了错误,也自认为没有资格和专业知识做出正确判断并指正主人。班克斯对记忆中共同体的迷恋,使他一直醉心于恢复往日童年生活的幻想,无法洞察自己一直身处其中又深受其害的殖民体系。两位主人公的悲剧在很大程度上是由于他们没能走出心中共同体之"茧"的狭隘束缚,被夺去了对周围世界的思考力和行动力。

可见,《千万别丢下我》就如何在个人独立思考与共同体安全感之间达到一种动态和良性的平衡,提出了发人深省的问题。小说中的黑尔舍姆小共同体也曾是这样一个"茧":它曾经使凯茜、汤米和露丝歧视底层克隆人,又对人类社会抱有幻想,从而处于"高不成低不就"的悬置状态。但凯茜和汤米最终能够突破黑尔舍姆"特权"的狭隘既得利益和对底层克隆人他者的成见,破"茧"而出。这正是由于凯茜和汤米在生命最后阶段觉悟到的、对底层克隆人同伴的他者关怀和他者伦理实践,这其中包含了小说探讨人们如何创造更美好共同体生活的尝试。

结　语

　　从《远山淡影》到《长日留痕》、从《不可安慰的人》再到《上海孤儿》，从日本到英国、从中欧小国再到中国上海，石黑一雄的小说不停地变换着文化背景；他的作品既植根于具体的时空文化环境，又能上升到隐喻层面和普世人性，拥有经久不衰的生命力；石黑一雄小说的成功之处在于其不懈地探讨不同时代、地域和文化中的读者所共同关心的主题，而共同体关怀就是其中之一。

　　通过本书的论证，我们有理由认为，石黑一雄小说的共同体关怀充分地展现了其作品的国际性和普世性。作家体察到关于人的生存状况的基本问题：个人如何与其周围的人、与其所处的时空文化环境进行互动？石黑一雄通过自己的文学创作，为读者展现了一个追求共同体生活的人物群像。从史蒂文斯到班克斯，再到凯茜和汤米，他们所在的世界已经或正在发生改变，他们彼此的遭遇不同，却又有相似之处。他们或为了维护自己的尊严，或为了逃避过去的伤痛与错误，或为了寻求反抗不公命运的可能性，都在自己的回忆叙事中或生活现实中构建了某种共同体，或者转变了自己原有的共同体认同。

　　人物对共同体生活的追求，是石黑一雄作品的精神与情感内核，其中的共同体感觉及由此带来的精神慰藉，在很大程度上正是石黑一雄小说的引人之处。如资深研究者塞巴斯蒂安·格罗伊斯和巴里·刘易斯所指出的，"石黑一雄在全世界读者中取得成功，不仅因为他无条件地致力于理解这个世界及其人民，更因为他能够给予读者一种精神慰藉和一种共同体的感觉，而后者在当代全球化的世界中似乎已难觅踪迹"。

　　石黑一雄小说的共同体关怀不仅体现在作品内容中,而且体现为作品尝试构建一种作者、人物与读者之间的共同体关系。它既不同于传统现实主义小说的作者意图中心论和读者对人物的完全认同,也不同于以罗兰·巴特的"作者之死"和读者反映论为代表的读者中心论。作者、人物和读者之间的关系有了一种动态的平衡和情感的联结。阅读石黑一雄小说的过程,不再是读者于文本世界中一个人孤单的冒险旅程,而是他与人物及作者并肩而行的交流对话过程,是一个"三人行必有我师"的自我提升过程,以及一个充满生命力与创造力的思想融汇再生过程;阅读石黑一雄小说往往成为一种移情体验,这种体验极大地缩小了现代小说中常见的读者与人物之间由于"戏剧反讽"而被过分拉开的心理和文化距离。读者被鼓励把自己的情感投入小说及其人物之中,"不仅仅感受着小说人物的感受,还会想要去代表他们说话,而不论他们看上去与我们有多不相同"。

　　这种写作风格提醒读者摆脱自我的狭隘束缚,在保留必要的"戏剧反讽"和批判距离的同时,尽量减少对人物的距离感和道德优越感,进入小说的历史文化情境、进入人物的内心视角,从而接近与人物的平等对话。沈伟纠认为在阅读石黑一雄小说的过程中,常常会发生"读者和叙述者之间的角色对调"。这正是移情所带来的特殊阅读体验,也是一种伦理历练。读者得以从小说人物的角度、从其追求共同体生活的内外情境中,去体验其心路历程,而尽量避免从自认为的时代优势和道德高地去冷眼旁观。因而,沈伟纠认为这种角色对调"增强了小说由移情(给读者)带来的影响"。

　　这种基于移情的写作与阅读实践,将作者、人物和读者联结成一个跨越文本内外的、贯穿创作和阅读前后的、可以通过文本传播与阅读不断生长的共同体。通过本书的论证,我们可以总结出石黑一雄设置读者移情情境的几种方法。

　　首先,刻画人物情感能力的缺乏。缺乏情感能力几乎可以说是石黑一雄小说人物共有的弱点。例如,史蒂文斯在面对亲情和爱情时,缺乏表达情感的勇气和能力;凯茜在面对命运不公和黑尔舍姆的真相时,缺乏起码的义愤。然而,这不但没有影响作品的效果,反而

"因为这一(情感)缺乏,它的残酷和感动力才得以显现,而读者则被要求提供这些情感"。当史蒂文斯或凯茜在面对一次次的个人情感困境时,这些困境邀请和促使读者通过移情,进入人物内心的视角和情境进行反思,唤醒自己的情感能力去弥补这份空白,或者替代主人公发出抗议不公命运的义愤。石黑一雄笔下的人物或许并不可爱,但其小说艺术却可以将读者对人物设身处地的阅读体验,转换为一种移情式的道德反应,因为"正是其主人公们的情感失败,使得石黑一雄的作品引人入胜。尽管有这些失败,或者可能正因为它们,我们还是被打动了;正因为石黑一雄的人物不能与他人或者与他们自己建立情感联系,这一点使得作品的情感效果尤为强烈。那就是石黑一雄真正的魔力所在"。可见,在阅读石黑一雄小说的过程中,人物与读者之间的关系不再只是前者的表演与后者的旁观,而可能是休戚与共、爱恨交织的。

其次,石黑一雄小说的主人公对其叙述对象大多使用第二人称"你"或"你们"。如本书第二章和第四章所述,这种亲密的称呼成功地拉近了叙述者和叙述对象的距离。严格地说,第二人称叙述对象与读者并非一回事,两者之间还往往存在很大的时空、心理和文化等方面的距离。但是,纵使叙述者的"你"或"你们"并未直接指向读者,但前文所说的读者与叙述者之间紧密的情感联系,已经使阅读行为进入了一个文化心理上的移情性立场。小说文本的意义由此跳出了某一特定时空,阐释过程转变成"一个不间断的、通过读者创造性的感知能力被不断更新的过程";在其间,"不同的身份被彼此转换混合在一起,而阅读主体则成为一个十分含混不定的构建物"。这也就是说,在这个移情性立场的作用下,第二人称叙述对象和读者之间的距离,有可能在阅读石黑一雄小说期间无限接近于甚至等于零。读者在实际阅读过程中,由于与叙述者的紧密关系而趋近于认同第二人称叙述对象,倾向于直接通过叙述对象倾听叙述者,进入叙述者的内心世界,进入小说的心理结构,从而成为叙述者的倾诉对象以及共同进退的伙伴和密友。

最后,石黑一雄与其国际读者之间存在深厚的互信。村上春树曾说:"在我读石黑一雄作品的这些年里,他从来没有让我失望过,或者让我对他产生过怀疑。"读者信任石黑一雄是因为他在很大程度上延续了人文主义的文学传统。他自觉地绕开了当代作家中流行的后现代小说形式实验,谨慎地规避了后殖民文学对于族裔认同或文化创伤书写的过分迷恋;相对于后现代、后殖民等文学流派将小说这种文学形式不断地条块分割,并使其愈发学院化和小众化的趋势,石黑一雄的作品却能"持续不断地在全球范围内产生一种团结人心和抚慰人心的效应"。因此,村上春树认为石黑一雄的作品不仅成功地构建了一个自身的世界,而且是在与人文主义的文学传统进行对话,是在与索福克勒斯、莎士比亚、乔治·艾略特等伟大前辈进行对话。

在关注共同构建的同时,石黑一雄对现当代条件下共同体所面临的困境更保持着清醒的认识。他在作品中对主人公的共同体构建所面临的种种挑战、误区和陷阱进行了深入探讨。《长日留痕》的主人公史蒂文斯受困于帝国意识形态的摆布。虽然他以"职业精神"为核心文化符号,构建了三个不同层次的共同体,但史蒂文斯对"职业精神"的理解和固守既冰冷刻板而缺乏人性温暖,又僵化顽固而容不得异见,最终导致了其个人生活和职业追求的双重悲剧;《上海孤儿》辛酸而深刻地展现出资本主义全球殖民体系对主人公班克斯共同体生活的破坏和瓦解,而班克斯面对这个庞大且无处不在的恶的体系,却显得无能为力;《千万别丢下我》则针对当代消费主义及其对人的物化,从假想的克隆人视角,展现出这种趋势发展到极端可能给克隆人所象征的社会底层群体(以及其中可能包含的共同体)带来的悲剧命运。总之,石黑一雄的小说在温婉典雅的文字中,蕴含着清醒的身份认同立场和历史文化批判,揭示出20世纪以来,包括帝国意识形态、殖民主义经济政治体系以及无节制的消费主义等内在外在的、有形无形的观念、系统和体制,对小说主人公的共同体构建和追求所造成的破坏与摧毁。

当然,这些负面因素与共同体构建的关系错综复杂,往往你中有我、相互渗透,而并非简单的二元对立。此外,人物的悲剧也与其自身的人性弱点有关。其中最为普遍的弱点是,他们对自身所处时代和政治文化环境的认知,受到种种意识形态、文化价值观念或政治经济体系的限制、误导或蒙蔽。正如石黑一雄自己所说,其主人公的共同问题在于"他们没有对生活的深刻洞察。……他们的视野没能超越自己周围的小圈子",因此他们"受制于自己身边的世界"。人类的这种生存困境在当代社会分工愈发专业化和条块分割,人与人之间关系愈发隔阂的环境下,具有很强的代表性和普世性。

不论是展现个人的共同体追求,还是讨论共同体所面临的困境,作家的目的都是为了寻找在现当代条件下共同体走出困境的希望之路。例如,《上海孤儿》从班克斯的怀旧情感中,提炼出了具有纠错冲动和行动力的人性的理想主义,成为打破资本主义全球殖民体系和重建共同体生活的希望;《千万别丢下我》模拟克隆人的视角,探讨了受压迫者如何在伦理上实现自我超越、在共同体认同上实现自我转变,投入或构建具有更广泛包容性的共同体,从而增加自身反抗命运不公的希望。更重要的是,通过凯茜和汤米的伦理选择和实践,小说凸显了走向更美好共同体生活的可能路径:突破个人内心的共同体之"茧"以及对他者的伦理关怀。

《长日留痕》则暗含了对共同体"滚动契约"的呼唤。理论家迈克尔·桑德尔认为,"现代世界要求我们生活在多重共同体和多重认同中",并贡献自己"多层次、多维度的忠诚"。史蒂文斯式的对压迫性意识形态和古旧刻板的"职业精神"观念的固守,及其对共同体成员情感的漠不关心,已经不再适用于当代世界。只有在共同体与个人之间、成员与成员之间实现畅通的意见和情感交流,定期更新彼此间的精神默契,才能维持共同体鲜活旺盛的生命力;而个人必须不断检视和更新自身观念,才能跟上共同体和其他成员的思想脚步,并与之保持动态的平衡和良性的互动。而且,石黑一雄小说与科恩的共同体符号性构建理论的契合,提醒着我们在追求共同体生活的过程中,不仅要寻找"同"(共同体成员对构建性的文化符号的一致接受和认同),更要能包容"异"(成员们对构建符号可能存在的差异性理解)。只有"求同容异",共同体内部才能由包容和宽松,形成人与人之间、个人与整体之间顺畅的相互交流和理解的途径,生发出看似纤柔却可以迸发无限凝聚力的情感纽带。

不可否认,理论界始终有声音质疑在当代条件下共同体能否实现。齐格蒙特·鲍曼在其著作中承认:"共同体似乎只是一个可以传达安全感的词语而已。"德兰蒂在梳理共同体理论和实践的发展历程时,也曾怀疑"共同体所做的不是直面挑战,而只能提供一些让人感觉舒服的幻觉"。但是,作为近年来备受关注的学术和日常议题,共同体毕竟是一个已经深入人心的概念,承载着人们对更亲密的人际纽带乃至更美好世界的追求。幸运的是,石黑一雄作为一位有责任感、有国际视野的小说家,以其作品中的共同体关怀,回应了学术界和国际读者对共同体议题的关注;他的作品展现了共同体在现当代条件下面临的诸多困境,也尝试探讨了突破这些困境的可能出路;同时,他的创作把作家、人物和读者联结在一起,使得其作品的阅读和传播本身就成为一种共同体行为。因此我们可以说,石黑一雄以存在于其小说文本以内和文本以外的具有普世性的共同体关怀,把不同文化中的读者们在精神上联结了起来。

身为移民作家,石黑一雄在小说创作中始终没有忘记自己的族裔身份。可贵的是,在借助其日裔身份取得创作成功的同时,石黑一雄能够超越移民作家在写作主题上的传统局限,上升到更具普世性的共同体关怀。这不仅实践了他创作国际小说的雄心,升华了作品的国际主题,而且使其作品成为当代英语小说创作中人文主义关怀的新的表现形式。批评家F.R.利维斯指出,真正重要的小说家"不仅仅为读者和其他作家拓展艺术的可能性……他们还极大地拓展人类的意识,人类对生活的可能性的意识";理论家齐格蒙特·鲍曼则用一句"帮助无根的人们重新找到立命之根"(assist in the re-rooting of the uprooted),来总结当代知识分子的使命。石黑一雄通过其作品的共同体关怀以及对现当代社会中共同体命运的关注和探讨,不仅拓展了英语小说的可能性,也拓展了人们创造更加美好生活的可能性;他的小说在当代人与人关系日益冷漠、日益缺乏安全感的世界中,为读者提供了关于共同体生活的感受和思考,并尝试寻找在现当代条件下共同体突破种种困境的可能路径。石黑一雄以此实践了其知识分子的使命,而这一切已经使他成为对小说界、对国际读者乃至对整个世界来说"真正重要"的作家。

附录:石黑一雄作品

长篇小说

An Artist of the Floating World. New York: Vintage International, 1989.

A Pale View of Hills. New York: Vintage International, 1990.

The Remains of the Day. London: Faber and Faber, 1989.

The Unconsoled. London: Faber and Faber, 1995.

When We Were Orphans. New York: Vintage International, 2001.

Never Let Me Go. New York: Vintage International, 2006.

《群山淡景》,冷步梅译,台北:联合文学出版社,1983年。
《远山淡影》,张晓意译,上海:上海译文出版社,2011年。
《浮世画家》,谢瑶玲译,台北:皇冠文学出版有限公司,1994年。
《浮世画家》,马爱农译,上海:上海译文出版社,2011年。
《长日留痕》,冒国安译,南京:译林出版社,2003年。

《上海孤儿》,陈小慰译,南京:译林出版社,2002年。
《千万别丢下我》,朱去疾译,南京:译林出版社,2007年。

短篇小说(集)

A Strange and Sometimes Sadness. London: Faber and Faber, 1981.
Getting Poisoned. London: Faber and Faber, 1981.
Waiting for J. London: Faber and Faber, 1981.
Summer after the War. Granta. 7 (1983).
A Family Supper. Esquire. (March 1990).
The Gourmet. Granta. 43 (1993).
A Village after Dark. The New Yorker. 21 (May 2001).
Nocturnes: Five Stories of Music and Nightfall. London: Faber and Faber, 2009.

《团圆饭》,唐秀敏译,《外国文学》,2000年第3期。
《小夜曲:音乐与黄昏五故事集》,张晓意译,上海:上海译文出版社,2011年。

参考文献

Adelman, Gary. *Doubles on the Rocks: Ishiguro's The Unconsoled*. CRITIQUE: Studies in Contemporary Fiction. 42.2 (Winter 2001): 166.

Arensberg, C. & S. Kimball. *Culture and Community*. New York: Harcourt, Brace & World, 1965.

Bauman, Zygmunt. *Community: Seeking Safety in an Insecure World*. Cambridge: Polity Press, 2001.

Bauman, Zygmunt. *Liquid Modernity*. Cambridge: Polity Press, 2000.

Bauman, Zygmunt. *Postmodern Ethics*. Oxford: Blackwell, 1993.

Benedict, Ruth. *The Chrysanthemum and the Sword*. Boston: Houghton Mifflin Harcourt Publishing Company, 1989.

Berberich, Christine. *The Image of the English Gentleman in Twentieth-Century Literature: Nostalgia and Englishness*. London: Ashgate Publishing Group, 2007.

Bhabha, Homi. ed. *Nation and Narration*. New York: Routledge, 2000.

Bhabha, Homi. *The Location of Culture*. New York: Routledge, 1994.

Bickers, Robert. *Britain in China: Community, Culture and Colonialism* 1900 — 1949. Manchester: Manchester University Press, 1999.

Blackshaw, Tony. *Key Concepts in Community Studies*. London: Sage Publications Ltd., 2010.

Boehmer, Elleke. *Colonial and Postcolonial Literature*. Oxford: Oxford University Press, 1995.

Boym, Svetlana. *The Future of Nostalgia*. New York: Basic Books, 2001.

Bradbury, Malcolm. *The Modern British Novel*. New York: Penguin Book Ltd., 1994.

Brandmark, W. *Kazuo Ishiguro* (*pamphlet*). London: British Council, —.

George Stade &. Carol Howard ed. *British Writers*. New York: Charles Scribner's Sons, 1997.

Bryson, B. *Between Two Worlds*. New York Times. 29 April, 1983, sect. 6: 38.

Cardullo, Bert. *The Servant*. The Hudson Review. 47. 4 (1995): 616—622.

Cheng, Chu-chueh. *Cosmopolitan Alterity*. The Journal of Commonwealth Literature. 45 (2010): 227.

Childs, Peter. *Contemporary Novelists*. Basingstoke: Palgrave, 2005.

Cohen, Anthony P. *The Symbolic Construction of Community*. Chichester: Ellis Horwood Ltd., 1985.

Connar, Steven. *The English Novel in History: 1950—1995*. London: Routledge, 1996.

Davis, R. G. *Imaginary Homelands Revisited in the Novels of Kazuo Ishiguro*. Miscelanea. 15 (1994): 139—54.

Delanty, Gerard. *Community*. London: Routledge, 2010.

Durkheim, Emile. *The Division of Labour in Society*. Glencoe: The Free Press, 1964.

Ekelund, B. G. *Misrecognizing History: Complicitous Genres in Kazuo Ishiguro's The Remains of the Day*. International

Fiction Review. 32.1 (2005): 79—90.

Enloe, Cynthia. *Bananas, Beaches and Bases: Making Feminist Sense of International Politics*. Berkeley: University of California Press, 1990.

Finney, Brian. *Figuring the Real: Ishiguro's When We Were Orphans*. Jouvert: A Journal of Postcolonial Studies. 7.1 (2002): 1.

Fisk, Gloria. *Tragic Knowledge in Postmodern Novels*. New York: The City University of New York, 2003.

Furst, Lilian R. *Memory's Fragile Power in Kazuo Ishiguro's Remains of the Day and W. G. Sebald's Max Ferber*. Contemporary Literature. 48.4 (2007): 530—553.

George, Rosemary Marangoly. *The Politics of Home: Postcolonial Relocations and Twentieth-Century Fiction*. Cambridge: Cambridge University Press, 1996.

Gibson, Andrew. *Postmodernity, Ethics and the Novel: From Leavis to Levinas*. London: Routledge, 1999.

Gibson, Sarah. *English Journeys: the Tourist, the Guidebook, and the Motorcar in The Remains of the Day*. Journeys. 5.2 (2004): 43—71.

Giles, Judy & Middleton, Tim. ed. *Writing Englishness: 1900—1950*. London: Routledge, 1995.

Groes, Sebastian & Lewis, Barry. ed. *Kazuo Ishiguro: New Critical Visions of the Novels*. Hampshire: Palgrave Macmillan, 2011.

Gurewich, D. *Upstairs, Downstairs, Review of The Remains of the Day*. New Cirterion. 8.4 (1989): 77—80.

Hall, Laura. *New Nations, New Selves: the Novels of Timothy Mo and Kazuo Ishiguro*. A. R. Lee ed. Other Britain, Other British: Contemporary Multicultural Fiction. London: Pluto Press, 1995, 90—110.

Hall, Stuart & Paul du Gay. ed. *Questions of Cultural Identity*. London: Sage Publications Ltd., 1996.

Head, Dominic. *The Cambridge Introduction to Modern British Fiction*: 1950 — 2000. Cambridge: Cambridge University Press, 2002.

Henke, Christoph. *Remembering Selves, Constructing Selves: Memory and Identity in Contemporary British Fiction*. Journal for the Study of British Cultures. 10.1 (2003): 77—100.

Hensher, Philip. *School for Scandal*. Spectator. 297. 9212 (Feb. 2005): 32.

Hobsbawm, Eric. *The Age of Extremes: The Short Twentieth Century*, 1914—1991. London: Michael Joseph, 1994.

Hooks, Bell. *Yearning: Race, Gender and Cultural Politics*. Toronto: Sage, 1990.

Humphries, Barry. *Up Memory Creek*. TLS. 9 Apr. 1976: 418.

Ingersoll, Earl G. *Taking off into the Realm of Metaphor: Kazuo Ishiguro's Never Let Me Go*. Studies in the Humanities. 34.1 (June 2007): 40.

Ishiguro, Kazuo. *Interview with Graham Swift*. Bomb. 29 (1989 Fall): 22—23.

Ishiguro, Kazuo & John Mullan. *Guardian Book Club: Kazuo Ishiguro Talks to John Mullan* (MP3). Mar. 2006.

Israel, Nico. *Tropicalizing London: British Fiction and the Discipline of Postcolonialism*. J. F. English ed. A Concise Companion to Contemporary Brithish Fiction. Oxford: Blackwell, 2006, 83—100.

Iyer, Pico. *Waiting upon History, Review of The Remains of the Day*. Partisan Review. 58 (1991): 585—589.

Jameson, Frederick. *Marxism and Form: Twentieth-Century Dialectical Theories of Literature*. Princeton: Princeton

University Press, 1971.

Jerng, Mark. *Giving Form to Life: Cloning and Narrative Expectations of the Human*. Journal of Literature and the History of Ideas. 6. 2 (June 2008): 369—394.

Jerome, Helen M. *An Artist of the World*. Book. Sept. 2000: 40.

Kim, Youngjoo. *Revisiting the Great Good Place: The Country House, Landscape and Englishness in Twentieth-Century British Fiction*. Texas: Texas A&M University, 2002.

J. Acheson ed. *The British and Irish Novel since* 1960. New York: St. Martin's, 1991, 192—211.

King, F. *Shimmering, Review of A Pale View of Hills*. The Spectator. 27 February, 1982: 24—25.

Kleffel, Rick. *Interview with Kazuo Ishiguro*. Interzone. 198 (2005): 62—63.

R. Kluckhohn ed. *Culture and Behaviour*. New York: Free Press, 1962.

Konig, René. *The Community*. London: Routledge & Kegan Paul, 1968.

Lang, Anthony F. Jr. & James M. Lang. *Between Theory and History: The Remains of the Day in the International Relations Classroom*. PS: Political Science and Politics, 31. 2 (Jun. 1998): 209—215.

Lang, James M. *Public Memory, Private History: Kazuo Ishiguro's The Remains of the Day*. CLIO. 29. 2 (Winter 2000): 143.

Lazarus, Neil. ed. *The Cambridge Companion to Postcolonial Literary Studies*. Cambridge: Cambridge University Press, 2005.

Levinas, Immanuel. *The Trace of the Other*. Alphonso Lingis trans. Deconstruction in Context: Literature and Philosophy. Mark C. Taylor ed. Chicago: University of Chicago, 1986, 345—359.

Leavis, F. R. *The Great Tradition*. London: Chatto and Windus, 1948.

Levinas, Emmanuel. *Totality and Infinity*. Alphonso Lingis trans. Hague: Martinus Nijhoff, 1979.

Lewis, Barry. *Kazuo Ishiguro*. Manchester: Manchester University Press, 2000.

Little, Adrian. *The Politics of Community*. Edinburgh: Edinburgh University Press, 2002.

Lodge, David. *The Art of Fiction*. London: Penguin Books, 1992.

Lowenthal, David. *The Past is a Foreign Country*. Cambridge: Cambridge University Press, 1985.

Lowenthal, David & Hugh C. Prince. *English Landscape Taste*. Geographic Review. 55 (1965): 186—222.

Lyotard, Jean-Francois. *Difference: Pharses in Dispute*. George Van Den Abbeele trans. Minneapolis: University of Minnesota, 1989.

Lyotard, Jean-Francois. Judiciousness in Dispute, or Kant after Marx. *The Aims of Representation: Subject, Text, History*. Murray Krieger ed. New York: Columbia University Press, 1987, 23—67.

Lyotard, Jean-Francois. *The Postmodern Condition: A Report on Knowledge*. Geoff Bennington & Brian Massumi trans. Minneapolis: University of Minnesota Press, 1984.

Mallett, P. J. *The Revelation of Character in Kazuo Ishiguro's The Remains of the Day and An Artist of the Floating World*. Shoin Literary Review (Japan). 29 (1996): 1—20.

Marcus, Amit. *Kazuo Ishiguro's The Remains of the Day: The Discourse of Self-deception*. Partial Answers: Journal of Literature and the History of Ideas. 4.1 (January 2006): 22—28.

Mackenzie, Suzie. *Between Two Worlds*. Guardian Weekend.

25 (Mar. 2000): 10—17.

Matthews, Sean & Groes, Sebastian. ed. *Kazuo Ishiguro: Contemporary Critical Perspectives*. New York: Continuum International Publishing Group: 2009.

Morton, K. *After the War Was Lost, Review of An Artist of the Floating World*. New York Times. 8 June, 1986: sect. 7, 19.

Newton, Adam. *Narrative Ethics*. Cambridge: Harvard University Press, 1995.

O'Brien, Susie. *Serving a New World Order: Postcolonial Politics in Kazuo Ishiguro's The Remains of the Day*. Modern Fiction Studies. 42.4 (1996): 787—806.

Oyabu, Kana. *Cross-cultural Fiction: the Novels of Timothy Mo and Kazuo Ishiguro*. unpublished thesis, University of Exeter, 1995.

Park, Seonjoo. *"Spontaneous mirth" out of "a misplaced respectfulness": A Bakhtinian Reading of Kazuo Ishiguro's The Remains of the Day*. ARIEL. 39.3 (July 2008): 45.

Parsons, Talcott. *The Social System*. New York: The Free Press, 1951.

Pearson, Amber. *Short Stories*. Daily Mail. 26 June, 2009.

Phelan, James & Mary P. Martin. *The Lessons of Weymouth: Homodiegesis, Unreliablity, Ethics, and The Remains of the Day*. D. Herman ed. Narratologies: New Perspectives on Narrative Analysis. Columbus: Ohio State University Press, 1999, 88—109.

Pollack, David. *Reading against Culture: Ideology and Narrative in the Japanese Novel*. New York: Cornell University Press, 1992.

Potts, Alex. *"Constable Country" between the Wars. Patriotism: The Making and Unmaking of British National Identity vol. 3*. Raphael Samuel ed. London: Routledge, 1988,

86—160.

Pred, Allan. *Languages of Everyday Practice and Resistance: Stockholm at the End of the Nineteenth-Century.* Reworking Modernity: Capitalism and Symbolic Dissent. Allan Pred and M. J. Watts ed. New Brunswick: Rutgers University Press, 1992, 118—154.

Redfield, Robert. *The Little Community.* Chicago: University of Chicago Press, 1956.

Rushdie, Salman. *Imaginary Homelands: Essays and Criticism* 1981—1991. London: Viking, 1991.

Rushton, Richard. *Three Modes of Terror: Transcendence, Submission, Incorporation.* Nottingham French Studies. 46. 3 (2007): 109—120.

Reitano, Natalie. *The Good Wound: Memory and Community in The Unconsoled.* Texas Studies in Literature and Language. 49. 4 (2007): 361—386.

Rickard, John S. *Joyce's Book of Memory.* Durham: Duke University Press, 1998.

Said, Edward W. *Culture and Imperialism.* New York: Vintage, 1998.

Salecl, Renata. *I Can't Love You Unless I Give You Up.* Gaze and Voice as Love Objects. Renata Salecl and Slavoj Zizek ed. Durham: Duke UP, 1996, 179—207.

Shaffer, Brian W. *Understanding Kazuo Ishiguro.* Columbia: South Carolina University Press, 1998.

Shaffer, Brian W. & Wong, Cynthia F. ed. *Conversations with Kazuo Ishiguro.* Jackson, US: University Press of Mississippi, 2008.

Sheridan, James E. *The Warlord Era: Politics and Militarism under the Peking Government*, 1916—1928. The Cambridge History of China vol. 12. John K. Fairbank ed.

Cambridge: Cambridge UP, 1983, 284—321.

Sim, Wai-chew. *Globalization and Dislocation in the Novels of Kazuo Ishiguro*. Wales: The Edwin Mellen Press, 2006.

Sim, Wai-chew. *Kazuo Ishiguro (Routledge Guides to Listerature)*. New York: Routledge, 2010.

Strongman, Luke. *The Booker Prize and Legacy of Empire*. New York: Rodopi, 2002.

Su, John J. *Ethics and Nostalgia in the Contemporary Novel*. Cambridge: Cambridge University Press, 2005.

Su, John J. *Refiguring National Character: the Remains of the British Estate Novel*. Modern Fiction Studies. 48 (2002): 552—580.

Tamaya, Meera. *Ishiguro's Remains of the Day: the Empire Strikes Back*. Modern Language Studies. 22 (1992): 45—56.

Taylor, Charles. *Cross-purpose: The Liberal-Communitarian Debate*. Philosophical Arguments. Cambridge: Harvard University Press, 1995, 181—203.

Taylor, Charles. *Irreducibly Social Goods*. Philosophical Arguments. Cambridge: Harvard University Press, 1995, 127—145.

Taylor, Charles. *The Politics of Recognition*. Multiculturalism-Examining the Politics of Recognition. Princeton: Princeton University Press, 1994, 25—74.

Tonnies, Ferdinand. *Community and Society*. Charles P. Loomis trans. New York: Harper, 1963.

Trimm, Ryan S. *Belated Englishness: Nostalgia and Postimperial Identity in Contemporary British Fiction and Film*. North Carolina: University of North Carolina, 2001.

Trimm, Ryan S. *Inside Job: Professionalism and Postimperial Communities in The Remains of the Day*. Literary Interpretation Theory. 16 (2005): 135—161.

Trimm, Ryan S. *Telling Positions: Country, Countryside, and Narration in The Remains of the Day*. Papers on Language & Literature. 45.2 (Spring 2009): 180.

Tuan, Yi-Fu. *Space and Place: Humanistic Perspective*. Progress in Geography. 6 (1974): 211—252.

Walkowitz, Rebecca L. *Ishiguro's Floating Worlds*. ELH. 68.4 (2001): 1049—1076.

Wall, Kathleen. *The Remains of the Day and Its Challenges to Theories of Unreliable Narration*. Journal of Narrative Technique. 24.1 (1994): 18—42.

Wang, Ching-chih. *Homeless Strangers in the Novels of Kazuo Ishiguro*. Wales: The Edwin Mellen Press, Ltd., 2008.

Westerman, Molly. *Is the Butler Home? Narrative and the Split Subject in The Remains of the Day*. Mosaic (Winnipeg). 37.3 (Sept. 2004): 157.

Weston, Elizabeth. *Commitment Rooted in Loss: Kazuo Ishiguro's When We Were Orphans*. Critique: Studies in Contemporary Fiction. 53:4 (2012): 337—354.

Williams, Raymond. *The English Novel from Dickens to Lawrence*. London: Hogarth Press, 1984.

Wilson, Jonathan. *The Literary Life: A Very English Story*. New Yorker. 6 May, 1995: 100.

Wong, Cynthia F. *Kazuo Ishiguro*. Hòrndon, UK: Northcote House Publishers Ltd., 2000.

Wong, Cynthia F. *The Shame of Memory: Blanchot's Self-Dispossession in Ishiguro's A Pale View of Hills*. CLIO. 24.2 (Winter 1995): 127—145.

Wood, Michael. *Children of Silence: on Contemporary Fiction*. New York: Columbia University Press, 1999.

Wood, James. *The Unconsoled*, Contemporary Literary Criticism vol.219. Jeffrey W. Hunter ed. Detroit: Gale, 2006, 43—49.

参考文献

阿雷恩·鲍尔德温.文化研究导论(修订版).陶东风,等译.北京:高等教育出版社,2004.

本尼迪克特·安德森.想象的共同体:民族主义的起源与散布.吴叡人,译.上海:上海人民出版社,2005.

彼得·伯格.《漂泊的心灵——现代化过程中的意识变迁》,曾维宗,译.台北:巨流图书公司,1988.

步朝霞.从负罪感中解脱——石黑一雄《群山淡景》中的跨文化思考.北京航空航天大学学报(社会科学版),2012(2):102-106.

步朝霞.《千万别丢下我》:关于生与死的启示.解放军外国语学院学报,2012(1):96-100.

步朝霞.石黑一雄《伤心情歌手》中的反讽与悖谬.河南师范大学学报(哲学社会科学版),2013(2):184-186.

C.L.莫瓦特编.新编剑桥世界近代史:世界力量对比的变化1898-1945(12).中国社会科学院世界历史研究所,译.北京:中国社会科学出版社,1987.

崔卫平.来自晚辈的倾听——石妮歌谈犹太人大屠杀的记忆传承.南方周末.2012年8月9日,第24版.

F.A.哈耶克.通往奴役之路.王明毅,冯兴元,等译.北京:中国社会科学出版社,1997.

菲迪南·腾尼斯.共同体与社会.林容远,译.北京:商务印书馆,1999.

弗林.存在主义简论.莫伟民,译.北京:外语教学与研究出版社,2008.

古斯塔夫·勒庞.乌合之众:大众心理研究.冯克利,译.北京:中央编译出版社,2005.

顾肃.自由主义基本理念.北京:中央编译出版社,2003.

谷伟.沤浮泡影——略论《千万别弃我而去》中"黑尔舍姆"的体制悖论.外国文学,2010(5):14-20.

郭国良,李春."宿命"下的自由生存——《永远别让我离去》中的生存取向.外国文学,2007(3):4-10.

郭台辉.共同体:一种想象出来的安全感.现代哲学,2007(5):

105－110.

韩升.自由主义视野的表达与批判——查尔斯·泰勒的共同体概念.哲学动态,2009(4):41－47.

赫伯特·马尔库塞.单向度的人——发达工业社会意识形态研究.刘继,译.上海:上海译文出版社,2008.

姜清远,申富英.硬币的另一面——浅析石黑一雄小说《长日留痕》的管家形象及其意义.青岛农业大学学报(社会科学版),2007(3):82－84.

雷蒙德·威廉斯.关键词:文化与社会的词汇.刘建基,译.北京:三联书店,2005.

冷滔.一场旷日持久的贸易战——试评美日贸易摩擦.国际贸易问题,1997(3):22－25.

李建康.回忆过去 重构自我.叙事学研究——第二届叙事学研究研讨会论文集,武汉:武汉出版社,2006.

列维·斯特劳斯.忧郁的热带.王志明,译.北京:三联书店,2000.

Lily.黄昏下的夜曲.书城,2009(12):109－110.

刘琼.失落与追寻——石黑一雄小说中的回忆机制.桂林:广西师范大学,2004.

刘向东.敬业的男管家.四川外语学院学报,2004(2):44－47.

鲁思·本尼迪克特.菊与刀.吕万和,熊达云,王智新,译.北京:商务印书馆,1990.

卢梭.社会契约论.何兆武,译.北京:商务印书馆,2003.

迈克尔·桑德尔,周濂,刘瑜.理解"善",才能追求正义——桑德尔访谈录.南方周末,2011年5月26日,第31版.

马春花.王安忆小说中的上海地景.海南师范大学学报(社会科学版),2007(6):74－77.

马尔库塞.理性和革命.程志民,等译.上海:上海人民出版社,2007.

玛格丽特·阿特伍德.使女的故事.陈小慰,译.南京:译林出版社,2008.

马克思.共产党宣言.中共中央马克思,恩格斯,列宁,斯大林著作编译局,译.北京:人民出版社,1949.

米兰·昆德拉.小说的智慧———认识米兰·昆德拉.艾小明,编译.北京:时代文艺出版社,1992.

齐格蒙特·鲍曼.共同体:在一个不确定的世界中寻找安全.欧阳景根,译.南京:江苏人民出版社,2003.

邱华栋.石黑一雄:寻觅旧事的圣手.西湖文学月刊,2009年9月,92－97.

瞿世镜,任一鸣.当代英国小说史.上海:上海译文出版社,2008.

让－保罗·萨特.存在主义是一种人道主义.周煦良,汤永宽,译.上海:上海译文出版社,2008.

斯拉沃热·齐泽克.意识形态的崇高客体.季广茂,译.北京:中央编译出版社,2002.

唐岫敏.历史的余音——石黑一雄小说的民族关注.外国文学,2000(2):29－34.

王岚.公正地再现"他者".外国文学,2002(1):84－87.

王岚.正视历史,正视自我.四川外国语学院学报,2002(6):63－65.

徐葆耕.西方文学:心灵的历史.北京:清华大学出版社,1998.

亚里士多德.尼各马可伦理学.廖申白,译注.北京:商务印书馆,2003.

亚里士多德.政治学.吴寿彭,译.北京:商务印书馆,1981.

以赛亚·柏林.自由论.胡传胜,译.南京:译林出版社,2003.

钟志清.寻觅旧事的石黑一雄.外国文学动态,1994年(3):34－35.

赵一凡,等编著.西方文论关键词.北京:外语教学与研究出版社,2006.

后　　记

　　本书系我的博士学位论文修改而成。我希望借此书出版之际,向导师王岚教授表示深深的谢意。她引领我走进英美文学的广阔天地,领略从事文学研究的酸甜苦辣和无限乐趣。导师始终对我言传身教、悉心指导,并在工作上和生活上给予我关怀,其学养与品格让我深感钦佩。我要感谢姚乃强教授和李公昭教授。姚教授是英美文学领域的著名专家,他生动的语言和丰富的学识,把一堂堂文学课变成了一次次享受。李公昭教授富有激情的授课让他的学生们深受感染,他的肯定和鼓励及时帮助我坚定了从事文学研究的信心。同时,我要感谢陈榕教授。她的文论课对于我始终既是学术挑战,又是人生启迪,让我体悟到学术理论与真实人生可以是紧密相关的,陈教授为本书的写作提供了大量准确和及时的建议。我还要感谢胡亚敏教授、石平萍教授、刘戈博士和陈丽博士,她们的宝贵建议已经融入了本书之中。能够入选"解放军外国语学院英语博士文库",并由河南大学出版社付梓出版,这让我深感荣幸。衷心感谢学校多年来的培养,感谢英语系领导的无私支持和帮助,感谢我的同事们,特别是徐艳辉和李科夫妇,在我最困难的时候给予我及时的帮助。同时,感谢河南大学出版社的大力支持,特别是薛巧玲老师的细致工作和辛勤汗水。最后,我要感谢家人,他们的爱和牺牲、理解和支持,始终是我最坚实的支柱。

朱　平

二〇一五年四月